# 222 Fragen,

# die Topp-20%-Verkäufer stellen

Werner F. Hahn
Verkaufstrainer + Fachbuchautor

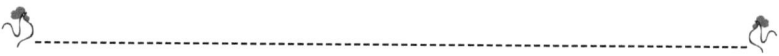

© 2015 Werner F. Hahn
Rel. 03-01.03.2015
Herstellung und Verlag:
BoD - Books on Demand, Norderstedt
ISBN: 978-3-7347-6128-7

Herausgeber:
Werner F. Hahn GmbH
Willy-Brandt-Platz 6
55122 Mainz

Umschlaggestaltung:
Ingenium – Design und Kommunikationsmedien
www.ingenium-design.de

Cartoons:
Markus Blatz
E-Mail: rotten-vegetable@gmx.de

WORD-Beratung: Martina D'Avis
info@davis-grafik.de

Fotos: Fotolia
www.fotolia.com

Im Folgenden ist der Einfachheit immer vom „Verkäufer" die Rede, denn die ständige Unterteilung in „die Verkäuferin/der Verkäufer" oder „der/die VerkäuferIn" stört den Lesefluss erheblich. Seid mir bitte nicht gram, liebe Leserinnen, ich kann gar nicht frauenfeindlich sein, denn ich halte die Frauen sowieso für die besseren Verkäufer.

Wissenschaftliche Untersuchungen sind zu dem Ergebnis gekommen, dass die „Du"-Ansprache der direktere Weg zum Unterbewusstsein ist. Du bist ja sicher daran interessiert, einen größtmöglichen Nutzen aus diesem Buch zu ziehen. Deswegen habe ich die „Du"-Ansprache gewählt. Solltest du weiterhin das „Sie" bevorzugen, dann stell dir bei jedem „Du" einfach vor, dass du mit „Sie" angesprochen wird.

## Danke.

An dieser Stelle dankt der Autor seiner Familie, seinen Freunden, seinen Bekannten, seinen Feinden etc.

Doch mein Dank geht heute an:

- allen meinen Seminar-, Trainings- und Coaching-Teilnehmern/ Teilnehmerinnen, die mir aus ihrem Tagesgeschäft viele aktuelle Beispiele geliefert haben und die ich gerne in diesem Buch verwendet habe.

- dich, der du dieses Buch gekauft hast und meinen Reichtum dadurch gemehrt hast. Bei konsequenter Anwendung der hier genannten Tipps und Taktiken wirst du auf der Erfolgsleiter weiter nach oben klettern und das kommt schließlich auch deiner Geldbörse zugute.

**Ob ein Mensch klug ist,**

**erkennt man an seinen Antworten.**

**Ob ein Mensch weise ist,**

**erkennt man an seinen Fragen.**

Nagib Mahfuz, ägyptischer Schriftsteller 1911-2006

# Inhaltsverzeichnis

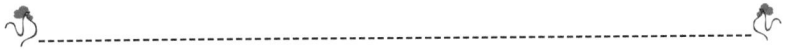

## Einführung

Beherrsch die Fragetechnik!

Ohne Fragen gibt es keine Kommunikation. Aber nur derjenige, der mit Strategie fragt, bekommt zielorientierte Informationen, entwickelt Bedarf bei seinem Gesprächspartner und beschleunigt Entscheidungen.

Fragen stehen immer am Beginn eines Dialogs und öffnen uns die Tür zu unserem Gesprächspartner. Wenn zwei Menschen miteinander sprechen, müssen sie Fragen stellen, sonst reden sie unweigerlich aneinander vorbei. Es gehört schlicht zum Wesen der Kommunikation, das sie durch Fragen erst strukturiert wird.

Eine geschickte Fragetechnik verhilft dazu, eine positive Atmosphäre zu schaffen und mehr Informationen über den Verhandlungspartner und dessen Ziele in Erfahrung zu bringen. Nur wer fragt, kann optimal auf die Wünsche und Bedürfnisse des anderen eingehen.

**Reden = Verkaufen**

**Fragen = Kaufen**

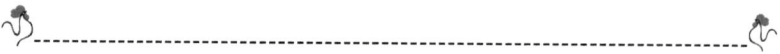

## Offene Fragen:

Offene Fragen werden auch W-Fragen oder Informationsfragen genannt, da sie immer mit einem Fragewort beginnen. Sie heißen deshalb „offen", weil sie dem Gesprächspartner eine völlig offene Beantwortung der Frage ermöglichen.

Beispiele:

*„Wie stellen Sie sicher, dass immer der neueste Tarif bei Ihnen eingestellt ist?"*

*„Wie reinigen Sie die Maschinenteile?"*

*„Warum kommen Sie damit zu mir?"*

*„Woher haben Sie meine Adresse?"*

*„Welche Gedanken haben Sie sich bereits darüber gemacht?"*

*Welche Produkte setzen Sie bereits heute ein?"*

Mein Tipp: Gerade in der Bedarfsanalyse ist es wichtig, offen Fragen zu stellen. Du solltest für jedes deiner Produkte oder deiner Dienstleistung eine Aufstellung der offenen Fragen vorliegen haben.

Innerhalb der offenen Fragen gibt es eine besondere Frage: es ist die Frage mit dem Fragewort "*Warum*".

Fragen, die mit diesem Wort eingeleitet werden, musst du als erfahrener Fragetechniker nochmals unterscheiden - wenn du es bisher nicht getan hast, so soll es ein positiver Effekt dieses Buches sein.

Sieh selbst den Unterschied: Stell dir vor, du wirst folgendes gefragt:

Beispiel #1:

*"Hans, warum sind in Großstädten die Eigentumswohnungen so teuer?"*

*Oder:*

*"Werner, warum treibst Du nicht mehr Sport?"*

Beispiel #2:

*"Warum wird der öffentliche Verkehr subventioniert?"*

*"Warum hast Du Dir (k)einen VW Golf gekauft?"*

*„Warum hast du dein Zimmer noch nicht aufgeräumt?"*

*„Warum kommst du erst jetzt nach Hause?"*

Hast du den jeweiligen Unterschied schon bemerkt?

Der Grund für die Unterscheidung ist, dass jeweils die erste Variante in den Beispielen sich auf eine Sachfrage bezieht. Diese sind - wie auch in Gesprächen – meist unverfänglich. Die jeweils zweite Frage ist persönlich bezogen und erfordert eine Erklärung oder Begründung der befragten Person.

Und meist schneller als man es sich vorstellen kann (oftmals ist es gar nicht 'so gemeint'), befindet sich der Befragte in einer Situation, in der er glaubt, sich rechtfertigen zu müssen.

Achtung: es genügt, das der Befragte *glaubt*, sich rechtfertigen zu müssen; es besteht kommunikativ *keine* Möglichkeit nachzuweisen, das es dazu "objektiv" keinen Grund gegeben hat!

Hinzu kommt, dass eine „Warum-Frage" immer rückwärtsgewandt ist. Sie betrifft Informationen, die in der Vergangenheit getroffen wurden. Besser ist es, nach vorne gerichtete Fragen zu stellen.

Beispiel: „Warum haben Sie sich für den Lieferanten A ausgesprochen?"

Besser: „Welche Gründe sprechen für dieses Unternehmen?" „Was zeichnet dieses Unternehmen aus?" Welche zusätzlichen Funktionen wünschen Sie sich für die Zukunft?"

## Wer fragt, der führt!

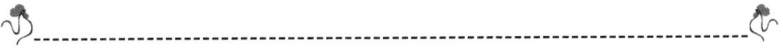

## Geschlossene Fragen:

Geschlossene Fragen schaffen eine kurze, straffe Gesprächsführung, bringen allerdings wenige Informationen. Allerdings legen sie die beteiligten Personen schon früh auf eine bestimmte Position fest. Diese Fragen heißen „geschlossen", weil sie der Gesprächspartner nur mit „ja" oder „nein" beantworten kann.

Beispiele:

„Spreche ich mit Frau Becker persönlich?"

„Sind Sie verantwortlich, wenn es um IT-Sicherheit geht?"

„Sind Sie an neuen Lösungen interessiert?"

„Wollen Sie Geld sparen?"

„Sind Sie schon Kunde?"

„Haben Sie Ärger mit den Mitarbeitern?"

„Hat es eine Vertretung gegeben?"

„Wollen Sie mit der Bestellung noch warten?"

„Haben Sie dazu noch Fragen?"

„Gehen Sie auch auf die IHK-Veranstaltung?"

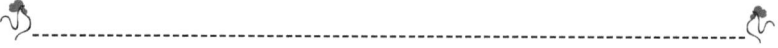

„Sind Sie mit der Vorgehensweise einverstanden?"
„Haben Sie davon noch Teile auf Lager?"

„Starten wir mit einer Teillieferung?"

„Gibt es Neuigkeiten zu meinem Angebot?"

**Es ist völlig unwichtig, wen du in deinem Vertriebsgebiet kennst.**

**Viel wichtiger ist doch, wer kennt dich.
Nur wer dich kennt, ruft dich auch an.**

## Alternativfragen:

Alternativfragen heißen so, weil sie dem Gesprächspartner zwei Alternativen zur Beantwortung lassen. Sie stellen eine Mischform zwischen offener und geschlossener Frage dar. Es besteht die Wahl zwischen zwei Möglichkeiten.

Der Hotelier Hilton hatte seine Mitarbeiter schon vor vielen Jahren darauf hingewiesen, die Gäste nicht zu fragen: *„Möchten Sie Eier zum Frühstück?"* sondern lieber die Alternativfrage zu stellen: *„Nehmen Sie zum Frühstück Rühr- oder Spiegeleier?"* Mit dieser Frage soll er den Umsatz um 80% gesteigert haben.

Beispiele:

*„Gehen wir zu dir oder zu mir?"*

*„Soll ich die Unterlagen per Post oder per Mail senden?"*

*„Mein Terminvorschlag ist Wochentag – Datum – Uhrzeit oder geht es bei Ihnen schon in der kommenden Woche?"*

*Treffen wir uns dazu am kommenden Freitag oder am Mittwoch?"*

*„Bestellen Sie jetzt zwei oder lieber drei Paletten?"*

*„Nehmen Sie das Auto in grün oder rot?"*

*„Fahren Sie nach Warburg über Kassel oder über Paderborn?"*

*„Treffen wir uns um 11 Uhr oder um 15 Uhr?"*

*„Möchten Sie 1.000 oder 2.000 Euro anlegen?"*

*„Startet der Versicherungsschutz am 1.1. oder am 1.4.2012?"*

*„Welchen regionalen Schwerpunkt hat Ihr Geschäft: Bayern oder Rheinland-Pfalz?"*

Während des Verkaufsgespräches dient die Alternativ-Frage dazu, den Abschluss zu vereinfachen. Es ist leichter zu fragen: *„Wann sollen wir liefern - in der Kalenderwoche 6 oder 8?"* statt zu fragen: *„Wollen Sie nun kaufen – ja oder nein?"* Oder: *„Wir liefern immer dienstags und donnerstags nach Mainz-Gonsenheim – welcher Termin passt Ihnen besser?"*

Bei Alternativfragen wird die zweite Alternative betont. Achte daher darauf, dass die von dir bevorzugte Alternative an zweiter Stelle steht.

## „Erfolgreiche Verkäufer stellen qualifizierte Fragen und bekommen qualifizierte Antworten."
Tony Robbins

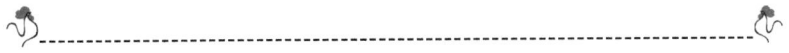

## Kontrollfragen:

Die Kontrollfrage dient der laufenden Kontrolle des Gesprächsverlaufs.

Beispiele:

*„Habe ich Sie richtig verstanden, dass Sie die verschlüsselte Variante bevorzugen?"*

*„Das heißt also, wenn wir uns beim Liefertermin einigen, geben Sie mir den Auftrag mit?"*

## Gegenfragen:

Die Gegenfrage oder die Rückfrage ist für dich eine Möglichkeit, um Zeit zu gewinnen.

Beispiele:

*„Sie sagen das doch aus einem bestimmten Grund. Welches ist der?"*

*„Sie sprachen von bedürfnisorientierter Nachbesteuerung, was genau ist das? Gegenfrage: „Was haben Sie denn verstanden?"*

*„Sie sprachen von Missmanagement - wo erleben Sie dieses denn?" Gegenfrage: „Sollte die Frage nicht besser lauten, wie erlebe ich es?"*

## Motivationsfragen

Ziel: den Gesprächspartner stärker in das Gespräch mit einzubeziehen; Ihm in der Frage bereits eine positive Rollenbeschreibung oder ein Lob entgegenzubringen Ihn aus der Reserve zu locken.

Beispiele:

*„Was sagen Sie als Fachmann zu unserem Problem?"*

*„Herr Müller, Sie haben bereits intensiv auf diesem Sektor geforscht, wenn uns einer diese Frage beantworten kann, dann doch nur Sie, also was passiert wenn …."*

*„Das ist doch genau Ihr Thema, Frau Schneider, warum sagen Sie denn nichts?" (Besser: „Wie stehen Sie zu der Aussage?")*

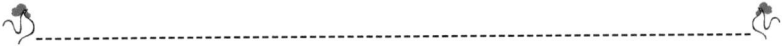

## Suggestivfragen:

„Gesprächssteuernd" – um nicht zu sagen: manipulativ – wirkt die Suggestiv-Frage. Hier handelt es sich um einen Aussagesatz, der in Kombination mit einem beeinflussenden Wort zu einer schließenden Frage umformuliert wird.

Beeinflussende Worte sind z. B.: „bestimmt", „gewiss", „sicherlich", „nicht wahr", „doch auch", „etwa", „wohl" usw. Dem Ansprechpartner wird suggeriert, dass diesem oder jenem Sachverhalt zuzustimmen ist.

Ziel der Suggestiv-Frage ist, den Gesprächspartner in eine bestimmt Richtung zu lenken. Vorsicht: Immer mehr Menschen erkennen Suggestiv-Fragen und erleben diese als demotivierend.

Beispiele:

*„Herr/Frau ...., ich bin sicher, Sie sind genau wie wir an einer schnellen Lösung interessiert."*

*„Die Hose sitzt wie angegossen - meinen Sie nicht auch?"*

*„Sie legen doch sicher auch sehr viel Wert auf die Sicherheit Ihrer Netzwerkkomponente?"*

*„Sie haben doch viel Erfahrung im IT-Bereich?"*

*„Sie wollen doch sicher auch viel Geld sparen?"*

## Rhetorische Fragen:

Die rhetorische Frage ist eine Pseudofrage, auf die keine Antwort zu erwarten ist. Sie baut auf scheinbar allgemeingültige Aussagen auf.

Beispiele:

*„Wer kennt nicht das Problem...?"*

*„Wer hat nicht schon einmal...?"*

Mit Hilfe der rhetorischen Frage können Sie die Aufmerksamkeit des Gesprächspartners gewinnen und ihn zugleich auf eine gewünschte Sichtweise des Themas einstimmen.

## Schock- oder Provokationsfragen

Ziel: den Gesprächspartner mit einer provokativen, bissigen, humorvollen oder subtilen Frage aus der Reserve locken. Doch Vorsicht: der andere entscheidet, wann die Grenze der Unflätigkeit oder Unhöflichkeit überschritten wird.

Beispiel:

*„Sie verstehen unter „Führung" also in etwa das, was eine Führungskraft darunter versteht die ins Taxi einsteigt und dem Fahrer sagt: „Fahren Sie mich irgendwo hin, ich werde überall gebraucht!"*

*„Ah, dann haben Sie also gerade zu Ende studiert, schön und gut, und wann wollen Sie endlich anfangen zu arbeiten?"*

*„Was sagen Sie als Unbeteiligter zum Thema Intelligenz?"*

Problemlösungsfragen:

Beispiele:

*„Was ist das Problem?"*

*„Vor welcher großen Herausforderung stehen Sie?"*

*„Was bedeutet das?"*

*„Was kann anders werden?"*

*„Was soll anders werden?"*

*„Was brauchen wir, um das Ziel zu erreichen?"*

*„Was/wann/wie/wo/werden wir tun?"*

*„Welche Konsequenzen wird das haben?"*

*„Was ist der 1. Schritt zur Lösung?"*

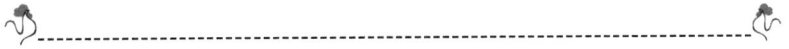

## Emotionale Fragen:

Emotionale Fragen beschäftigen sich ganz gezielt mit der emotionalen Sichtweise des Kunden, mit seinem subjektiven Blickwickel und auch mit seinem Gefühlsleben. Sprich in dieser Phase den Kunden unbedingt mit Namen an. Das hört sich dann beispielsweise so an.

Beispiele:

*„Herr Schneider, was bedeutet das für Sie, wenn diese Ziele erreicht worden sind?"*

*„Wie wirkt das auf Sie?"*

*„Frau Berger, können Sie sich vorstellen, dass wir diesen Weg gemeinsam gehen?"*

*„Was halten Sie denn ganz persönlich davon?"*

*„Wie haben Sie das denn persönlich empfunden?"*

*„Was geht in Ihnen vor, wenn Sie das hören?"*

*„Aus welchen Gründen ist Ihnen das so wichtig?"*

Achte bei emotionalen Fragen darauf, dass Männer und Frauen einen unterschiedlichen Zugang zu ihren Gefühlen haben. Je nach Situation kannst du eine Frau fragen: *„Wie fühlen Sie sich dabei?"* und einen Mann die Frage stellen: *„Wie geht es Ihnen damit?"*

Noch verstärkt werden emotionalisierende Fragen durch den Nachsatz:

*„Erzählen Sie mal..."*

Es ist ein *magischer* Zusatz, denn im Plauderton deckt der Gesprächspartner am ehesten seine wahren Motive auf. Und so erhältst du womöglich durch einen klitzekleinen Hinweis den Wissensvorsprung, den du unbedingt benötigst.

## Die neue Betrachtung der emotionalen Fragen

Fragst du einen bestehenden Kunden oder einen neuen Interessenten, dann ist es doch dein Ziel, ihn zum nachdenken zu bringen und von ihm eine emotionale Antwort zu bekommen.

Für viele Verkäufer ist diese Strategie wie eine Fremdsprache. Starte mit deinen Überlegungen hier: Der Verkauf geschieht immer emotional und wird erst später rational begründet (Nachrationalisierung sagen die Fachleute dazu). Sobald du das verstanden hast, macht es doch für dich Sinn, den Gesprächspartner emotional abzuholen und ihn so in die Lage zu versetzen, bei dir zu kaufen.

Jetzt tun sich aber immer noch viele Verkäufer schwer, den Unterschied zwischen offenen Fragen und geschlossenen Fragen zu erkennen. Eine geschlossene Frage endet immer mit der Antwort „Ja" oder „Nein." Eine offene Frage wird beantwortet mit dem Dialog des Gesprächspartners. Diese offenen Fragen sind gut, aber du dringst damit noch nicht zu den Emotionen vor. Das ist ein wichtiger Prozess, den du kennen musst.

Hier kommt mein neuer Denkansatz über emotionale Fragen: logische Fragen versus emotionale Fragen.

Dieser Denkprozess und die damit verbundene Strategie geben dir einen neuen Einblick in die neue Denk- und Verhaltensweise deines

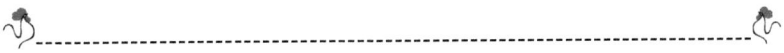

Gesprächspartners. Setzt du diese emotionalen Fragen ein, dann wirst du reichlich Pluspunkte sammeln.

Gefahr und Herausforderung: Das bringt dich zu einem neuen Frageprozess, der dir es ermöglicht, emotionale Fragen zu stellen. Ich gebe dir gleich dazu einige Beispiele. Deine Aufgabe besteht nur darin, den Prozess zu verstehen und die richtigen emotionalen Fragen bezogen auf deine Produkte und Dienstleistungen sowie den Bedürfnissen und Wünschen deiner Interessenten zu kreieren. Fragen, die Emotionen betreffen und weit weg von der Logik (da geht es doch nur wieder um den Preis).

Logische Fragen hängen ja mit den „Qualifizierungsfragen" zusammen. Das sind Fragen, die deinen Gesprächspartner sowohl verprellen als auch verärgern können. Logische Fragen werden dann gestellt, wenn der Verkäufer Geld-Informationen haben will:

*„Was zahlen Sie derzeit"* oder
*„Was haben Sie in der Vergangenheit gezahlt?"* oder
*„Wie groß ist Ihr Budget?"* oder
*„Wollen Sie lieber kaufen oder leasen?"* oder
*"Was ist Ihr Zielpreis?"*

**Mein Schlüsselkonzept:** Qualifizier du nicht deine Käufer – überlass ihnen die Qualifizierung, da du ja freundlich, engagiert und besonders interessiert bist.

Der große alte Carnegie sagte einst: *„Wer sich für andere interessiert, gewinnt in zwei Monaten mehr Freunde als jemand, der immer nur in zwei Jahren versucht, die andern für sich zu interessieren."*

Emotionale Fragen drehen sich um das Leben deines Gesprächspartners,

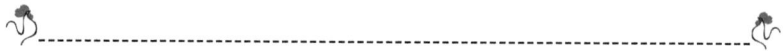

seine Hobbies und seine Vorlieben. Es geht hier nicht um Geld. Bevor du mit deiner Präsentation beginnst, stell doch einfach emotionale Fragen wie zum Beispiel:

*„Wie lange sind Sie bereits in diesem Unternehmen beschäftigt?"* oder

*„Was war die größte Herausforderung?"*

*„Welche Vorstellungen haben Sie bezüglich .....?"*

Bringe deinen Gesprächspartner dazu, das große Bild zu bekommen.

Bringe deinen Gesprächspartner dazu, das große Bild „nach dem Kauf" zu bekommen.

Während des Verkaufsprozesses stellst du weitere Fragen, wie zum Beispiel:

*„Ist es das, was Sie sich vorstellen?"*

*„Wie intensiv sehen Sie diese Aktivitäten in Ihrer Entscheidung?"*

*„Was bedeutet das für Ihre Familie?"*

Oder du kannst noch tiefer einsteigen mit der Frage:

*„Was wird Ihr Vorgesetzter dazu sagen, wenn Sie diese Ziele erreicht haben?"*

**Bei emotionalen Fragen** geht es um die Gefühle, Gefühle die zu wahrem Engagement führen und dazu führen, was es letztlich deinem Interessenten/Kunden bringt, wenn er mit dir zusammenarbeitet.

Bringst du deinen Kunden dazu, dass er sich das konkrete Ziel vorstellen kann, dann hast du gewonnen, da er sich bereits als „Eigentümer" sieht und er eine klare Vorstellung über den Einsatz hat. Das wird dann auch als „gekauft" bezeichnet.

**Besonderer Punkt:** Die Menschen kommen nicht zu dir, um etwas zu kaufen. Sie wollen mit dem Produkt etwas erreichen. Die Menschen kaufen zum Beispiel keine Zeitung, sie kaufen die Informationen, die News. Was

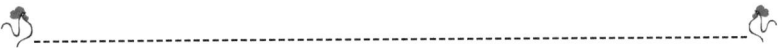

nach dem Kauf passiert, ist viel wichtiger für den Käufer als der eigentliche Kaufprozess. Arbeitest du mit den Emotionen, dann kann sich der Gesprächspartner viel besser vorstellen was passiert, sobald er dein Produkt einsetzt.

Insofern solltest du im Verkaufsprozess fragen stellen wie:

*„Was wollen Sie konkret damit erreichen?"*
*„Wie setzen Sie das täglich in Ihrem Arbeitsumfeld ein?"*
*„Wie trägt das zur Steigerung der Produktion/Produktivität bei?"*
*„Wie viele Mehr-Verkäufer versprechen Sie sich von dem Training?"*
*„Wie wird das Ihren Profit steigern?"*
*„Herr Schneider, was bedeutet das für Sie, wenn diese Ziele erreicht worden sind?"*
*„Wie wirkt das auf Sie?"*
*„Frau Berger, können Sie sich vorstellen, dass wir diesen Weg gemeinsam gehen?"*
*„Was halten Sie denn ganz persönlich davon?"*
*„Wie haben Sie das denn persönlich empfunden?"*
*„Was geht in Ihnen vor, wenn Sie das hören?"*
*„Aus welchen Gründen ist Ihnen das so wichtig?"*

Achte bei emotionalen Fragen darauf, dass Männer und Frauen einen unterschiedlichen Zugang zu ihren Gefühlen haben. Je nach Situation kannst du eine Frau fragen: *„Wie fühlen Sie sich dabei?"* und einem Mann die Frage stellen: *„Wie geht es Ihnen damit?"*

Es spielt dabei keine Rolle, ob du im B2C oder im B2B-Bereich verkaufst, ob am Telefon oder im persönlichen Gespräch. Der emotionale Ansatz ist identisch. Irgendjemand möchte gerne dein Produkt besitzen und deine Aufgabe besteht darin, das große Bild zu erzeugen. Dazu gehören dann Übereinstimmung, Vertrauen, Glaubwürdigkeit, Ehrlichkeit und

Begeisterung. Dann wird er oder sie auch deinen Preis akzeptieren.

Der Schlüssel dazu ist die Emotionalität. Keine Manipulation, kein Druck, keine veralteten Verkaufstechniken - nur freundlich, hilfsbereit und zuvorkommend sein. Du triffst sein Herz und gleichzeitig seine Seele.

*„Werner, ich habe gelernt, dass ich den „Schmerz des Interessenten" treffen muss. Ist das auch emotional?"*

*„Ja, Kevin, das ist auch emotional. Allerdings auf eine negative Art. Eine sehr negative Art. Schmerz ist eine negative Emotion, die in unserem Geschäftsleben nichts zu suchen hat.*

Blöde Fragen, wie zum Beispiel: *„Was lässt Sie nachts nicht schlafen?"* schaffen eine unangenehme Atmosphäre zwischen dir und deinem Gesprächspartner. Hinzu kommt noch, dass du bei negativen Fragen nicht die Antworten bekommst, die du dir erhoffst.

**ERGO:** Nicht den Schmerz entdecken, sondern die Freude, das Vergnügen.

Freude und Vergnügen bringen positive Emotionen:
*„Wie war es in Ihrem Urlaub?"*
*„Was hat Ihre Frau gesagt, als sie mit dem Diner-Abend überrascht wurde?"*
*„Wie war die Trecking-Tour durch die Alpen?"*
*„Welchen Platz haben Sie mit Ihrem Team bei der Segelregatta belegt?"*

Finde die Freude, das Vergnügen und sag Ihnen exakt, was das konkrete Ergebnis sein wird. Entdecke die wahren emotionalen Motive und du hast Zugang zu Ihrer Geldbörse.

Ein alter Cherokee-Indianer sitzt mit seiner kleinen Enkelin am Lagerfeuer. Er möchte ihr etwas über das Leben erzählen. Er sagt:

*„Im Leben gibt es zwei Wölfe, die miteinander kämpfen:*

*Der erste ist Hass, Misstrauen, Feindschaft, Angst und Kampf.*
*Der zweite ist Liebe, Vertrauen, Freundschaft, Hoffnung und*
*Frieden."*

Das kleine Mädchen schaut eine Zeitlang ins Feuer, dann fragt es:

*„Welcher Wolf gewinnt?"*

Der alte Indianer schweigt eine ganze Zeit lang und sagt dann:

*„Der, den du fütterst!"*

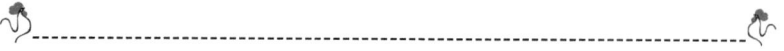

Indirekte Fragen:

In der Analysephase ist es wichtig, auf die Wünsche und Ziele des Kunden einzugehen. „Sog statt Druck" ist weiterhin die Devise. Wenn du durch geschicktes Fragen herausgefunden hast, wie dein Kunde tickt, wo noch Ungereimtheiten sind, dann hast du deinen Abschluss schon fast in der Tasche.

Beispiele:

*„Das zeigt mir, dass es noch Unklarheiten gibt - was ist Ihnen sonst noch wichtig?"*

*„Ich spüre noch einen Aspekt, der Ihnen auf dem Herzen liegt. Welcher Punkt ist noch offen?"*

**Je mehr du mit deinen Interessenten sprichst und sie nach ihren Erfolgen fragst, umso mehr lieben sie dich.**

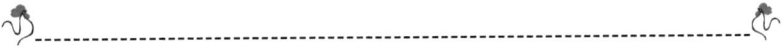

## Schlüsselfragen:

Es sind 3 Fragen, die im Vorfeld eines Verkaufs- oder Kunden-gesprächs darüber entscheiden, ob du am Ende erfolgreich bist – oder nicht. Stell dir diese Fragen unbedingt VOR jedem anstehenden Gespräch:

Frage #1: *„Welches Gesprächsziel habe ich?"*

Frage #2: *„Welche Nutzen-Argumente werde ich präsentieren?"*

Frage #3: *„Wie werde ich auf Kundenbedenken und Einwände reagieren?"*

Und dann frag dich – ebenfalls VOR dem Gespräch:

*"Kann ich diese Fragestellungen ad hoc beantworten?"*
*"Sind meine Antworten wirklich überzeugend?"*

Nur wenn du mit gutem Gewissen "Ja" sagen kannst, startest du von einer guten Ausgangsposition! Denk immer daran:

Schlechte Verkäufer lieben die Improvisation.

Top-Verkäufer dagegen hassen es, unter Druck zu geraten und ergebnislose Gespräche zu führen.

Genau das macht den entscheidenden Unterschied!

Fragen im Gespräch mit Neukunden:

*„Was ist in Ihrem Geschäft das brennendste Problem?"*

*„Worauf legen Sie bei Ihrer Lieferantenauswahl denn den größten Wert?"*

*„Was ist denn auf der Prioritätenliste der wichtigste Punkt?"*

*„Wenn Sie an uns denken, was kommt Ihnen dann als erstes in den Sinn?"*

*„Welchen Teil unseres Angebotes finden Sie zu teuer?"*

*„Was ist bei einer Entscheidung denn für Sie das vorrangigste Kriterium?"*


**Nur wer sich selbst verkaufen kann,**

**kann auch sein Wissen und Können verkaufen.**

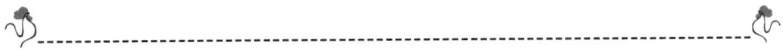

## Fragen im Gespräch mit Bestandskunden:

*„Was ist für Sie der wichtigste Grund, bei uns zu kaufen?"*

*„ Was wäre für Sie das vorrangigste, das wir schnellstmöglich ändern oder verbessern sollten?"*

*„ Auf was könnten Sie bei uns am wenigsten verzichten?"*

*„ Wenn es eine Sache gibt, die Sie bei uns in der Vergangenheit ganz besonders gestört hat, was war da das Störende für Sie?"*

*„Wenn es eine Sache gibt, für die Sie uns garantiert weiterempfehlen können, was wäre da das empfehlenswerteste für Sie?"*

Zugegeben, es erfordert hier und da ein wenig Mut, solche Fragen zu stellen. Doch der Lerngewinn ist gewaltig. Welche Antwort auch immer Sie erhalten: Hören Sie wohlwollend hin, bedanken Sie sich und wertschätzen Sie die Offenheit Ihres Gesprächspartners. Denn Sie erfahren etwas über Ihre Kaufentscheidenden Pluspunkte oder über Ihre größten Schwachstellen – aus Sicht des Kunden betrachtet, und die allein zählt.

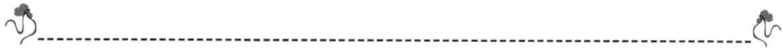

Fragen die der Chef persönlich stellt:

*„Wenn Sie an meiner Stelle wären, was würden Sie als erstes verändern?"*

*„Wenn Sie hier das Sagen hätten, was würden Sie schnellstens verbessern?"*

*„Wenn Sie hier den Chefposten hätten, was gingen Sie am eiligsten an?"*

**"Solange Sie handeln, wie Sie es schon immer getan haben, erhalten Sie auch weiterhin, was Sie schon immer erhalten haben. Wenn Sie nicht mögen, was Sie bisher erhalten haben, dann müssen Sie Ihr bisheriges Verhalten ändern."**

Zig Ziglar

## Fragen im Konjunktiv

Beispiele:

*„Entspräche das Ihren Vorstellungen?"*

*„Würde das Ihren Vorstellungen entsprechen?"*

*„Würden Sie mir da zustimmen?"*

*„Wären Sie mit dieser Ausstattung zufrieden?"*

Nachteil: Fragen im Konjunktiv erzeugen Unsicherheit und führen dazu, dass der Gesprächspartner seine Entscheidung überdenkt.

Besser: Das *„Ja"* des Kunden zum Kauf stillschweigend voraussetzen und schlicht fragen: *„Wir liefern immer dienstags und donnerstags nach Wiesbaden - welcher Termin passt Ihnen besser?"*

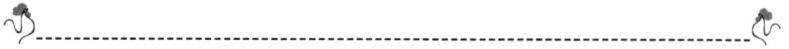

15 Fragen, die sich ein Interessent/Kunde stellt, wenn er erstmalig auf einen Verkäufer trifft:

1. *Kann ich dir als Verkäufer vertrauen?*
2. *Kann ich deinem Unternehmen vertrauen?*
3. *Wird dein Produkt oder deine Dienstleistung auch tatsächlich so funktionieren wie beschrieben?*
4. *Ist es das richtige Produkt/die richtige Dienstleistung für mich?*
5. *Wird dein Produkt das aushalten?*
6. *Wirst du den Zeitplan auch einhalten?*
7. *Ist das Produkt/die Dienstleistung tatsächlich das Geld auch wert?*
8. *Wie kann ich die Ausgaben überprüfen? (Hinweis: Eine sehr schwierige Frage)*
9. *Habe ich ein gutes Gefühl, wenn ich jetzt bei dir kaufe?*
10. *Werde ich mit dem Kauf bei dir glücklicher sein?*
11. *Wie kann ich das Risiko minimieren?*
12. *Wen rufe ich an, wenn ich Fragen habe?*
13. *Wenn etwas schief läuft, wer wird das beheben?*
14. *Bekomme ich mein Geld zurück wenn es nicht funktioniert?*
15. *Wie stelle ich sicher, die richtige Entscheidung auch zu treffen?*

## Die 3-Sekunden-Regel in der Fragetechnik

Eine der wichtigsten Fähigkeiten für Verkäufer ist die Fähigkeit, Kunden dazu zu bringen, dass Sie sich öffnen und mehr erzählen. Eine der mächtigsten Methoden, die ich dazu kenne, ist die Denkzeit. Auch bekannt als die 3 Sekunden Regel.

Hör dir die Antwort komplett an. Wenn dein Gesprächspartner mit dem Sprechen aufhört, gib ihm 3 Sekunden Denkzeit (Zähl innerlich 21, 22, 23). Meist ist dein Gesprächspartner noch nicht fertig und sagt erst jetzt das Relevante. Gib ihm immer wieder Denkzeit, bis dein Gesprächspartner auch nach 3 Sekunden nichts mehr sagt. Dann sprichst du weiter oder stellst deine nächste Frage.

Welche Wirkung hat die Denkzeit?

Die Wirkung von 3 bis 5 Sekunden Denkzeit auf deinen Gesprächspartner und dich selbst ist bemerkenswert:

- Antworten werden entscheidend länger und umfangreicher.
- Argumentationen fallen komplexer, stringenter und logischer aus.
- Es werden gepflegte und vollständigere Sätze gebildet.
- Äußerungen von kreativer und spekulativer Art nehmen zu.
- Unsicherheiten beim Gesprächspartner nehmen ab.
- Unangenehme Wahrheiten werden eher thematisiert.
- Das Gespräch wird sachlicher.

Warum solltest du mindestens 3 Sekunden Denkzeit lassen?

Normalerweise lässt man Gesprächspartnern nur 0,7 bis 1,5 Sekunden Zeit zu antworten. Das ist für die komplexen Denkvorgänge des Gehirns zu kurz. 3 Sekunden sind eine neurologische Konstante, um Informationen zu elaborieren (= differenziert, bis ins Detail ausarbeiten) und mit bestehenden Wissensstrukturen in Verbindung zu bringen. Wenn du also deinem Gesprächspartner weniger als 3 Sekunden Zeit zum Denken lässt, dann bekommst du kurze, oberflächliche und stereotype Antworten.

Je langsamer dein Gesprächspartner denkt und je ungeduldiger du bist, umso mehr erzeugst du Verstocktheit, Verunsicherung, Verweigerung, „Verdummung" und vorauseilenden Gehorsam.

Achtung: Diese 3-Sekunden-Regel bitte nicht in der Phase der Einwandbehandlung anwenden – es könnte der Eindruck entstehen, dass du keine Antwort hast! Deswegen hier direkt weich und wirksam antworten.

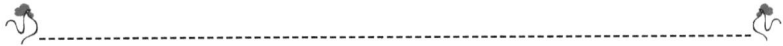

## 19 Powerfragen

Das Ziel der Powerfragen ist:

Der Interessent soll seine Antworten bezogen auf deine Produkte/ Dienstleistungen geben.

Der Interessent soll neue Wege in seiner Denkweise gehen.

Der Interessent soll diese Fragen erstmalig gehört haben.

Der Interessent soll diese Fragen nur von uns und nicht vom Konkurrenten hören.

Deine Glaubwürdigkeit zu untermauern.

Die Qualifizierung deines Interessenten.

Das entwickeln und aufdecken der Wünsche/Bedürfnisse deines Interessenten.

**Hier kommen Power-Fragen:**

1. *"Worauf achten Sie besonders, wenn Sie einen neuen Lieferanten auswählen?"*

2. *"Ist das der wichtigste Faktor?"*

3. *"Welche Vorteile bringt es Ihnen, mit einem guten Lieferanten zusammen zuarbeiten?"*

4. "Nachdem Sie die Anschaffung getätigt haben, was erwarten Sie? Wie oft ist das bei Ihnen eingetreten?"

5. "Wenn Sie Gelegenheit haben, etwas bei Ihrem derzeitigen Lieferanten zu verändern, was würde das sein?"

6. "Wie würden Sie es besser machen?"

7. "Wie sieht Ihre Erfahrung aus mit dem Einsatz der derzeitigen Produkte?"

8. "Wie haben Sie bisher erfolgreich ...(deine Produkte) ..eingesetzt?"

9. "Was bedeutet für Sie ein erfolgreicher Abschluss?"

10. "Warum ist das ein entscheidender Faktor?"

11. "Was sind die Gründe für den derzeitigen Lieferanten?"

12. "Was gefällt Ihnen daran besonders?"

13. "Was würden Sie beim derzeitigen Lieferanten verbessern?"

14. "Was würden Sie heute verändern?"

15. "Wie reagierten Ihre Kunden darauf?"

16. "Was ist Ihr wichtigstes Ziel für dieses Jahr?"

17. "Wo wollen Sie in fünf Jahren stehen?"

18. *"Was benötigen Sie für die Umsetzung?"*

19. *„Als Sie diesen Job antraten – was war da die größte Herausforderung für Sie?"*

Nimm diese Fragen als "Ideen" für dein tägliches Geschäft. Such dir die besten Fragen raus und beginne damit, sie anzuwenden.

Mein Tipp: Probiere sie bei deinen Vertriebskollegen aus und gehe erst anschließend damit zu deinen Interessenten und Kunden!

## Entscheidend ist nicht, was du sagst.
## Entscheidend ist was der Kunde dir glaubt!

## Sechs wichtige Fragen im Verkauf

Ich gebe hier sechs Fragen zum Besten, die für unterschiedliche Bereiche im Verkaufsprozess gültig sind. Mit diesen Fragen wirst du erkennen, ob, wann und wie der Interessent den Weg mit dir gehen will, ob die Vorteile und Nutzen für ihn so leicht erkennbar sind und er direkt zum Abschluss kommen will.

Übernimm diese Fragen in deine Telefonscripte oder Unterlagen. Du wirst damit im Verkaufsgespräch Feedback bekommen und den Abschluss leichter erzielen. Fang mit diesen Fragen direkt heute schon an:

Frage #1: Nach deiner Präsentation fragst du: *„Stimmen Sie da mit mir überein?"* Das kannst du nach variieren mit *„Wie hört sich das an"* oder *„Erkennen Sie, was ich meine?"* oder *„Macht das Sinn für Ihr Unternehmen?"* oder *„Wie sehen Sie das?"* oder *„Welches Gefühl haben Sie dabei?"*

Hör jetzt exakt zu, WAS dein Interessent sagt und noch wichtiger, WIE er es sagt. Hört er mit dem Sprechen auf, dann zähl innerlich 21 – 22 – 23 und schau ihn dabei an. Mit dieser 3-Sekunden-Regel erreichst du, dass er wieder anfängt zu sprechen und erst jetzt bekommst du wichtige, weitergehende Informationen.

Frage #2: Immer wenn du einen Vorteil/Nutzen bringst, dann frag ihn: *„Wie stellen Sie sich die Anwendung in Ihrem Unternehmen vor?"* oder *„Wie sehen Sie den Einsatz in Ihrem Unternehmen?"* oder *„Wie interessant ist das für Sie?"* oder *„Wie wichtig ist das jetzt für Sie in der Situation?"*

Und noch einmal: Genau hinhören, WAS er und WIE er es sagt.

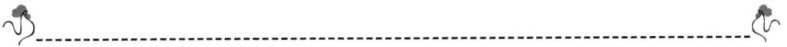

Frage #3: Eine andere gute Frage in der Präsentation lautet: *„Welche weiteren Fragen haben Sie jetzt an mich?"*

Dies ist eine der besten und von mir sehr häufig gestellten Frage im Verkaufsprozess, insbesondere wenn es in Richtung Abschluss geht. Mit dieser Frage stellst du deinen Gesprächspartner unter „Denklast" und er muss sich jetzt intensiv Gedanken machen.

Frage #4: Abschluss-Versuche sind immer gut. *„Ist das die Lösung, nach der Sie suchen?"* oder *„Wie hört sich das bis jetzt an?"* oder mit einem Lächeln im Gesicht: *„Ich habe das Gefühl, dass ich dabei bin, einen neuen Kunden zu gewinnen, ist das so?"*

Du wirst erstaunt sein, wie du mit einem Lächeln die bisherigen Hürden beseitigst und der Interessent seine bisherigen Bedenken wegwischt.

Frage #5: Wenn du mit deiner Präsentation so weit durch bist, stell die Frage: *„Was habe ich vergessen, was für Sie noch besonders wichtig ist?"*

Das ist eine großartige Frage, um die Präsentation zu beenden. Sicherlich werden sie jetzt sagen, dass soweit alle Fragen geklärt sind und für dich die Gelegenheit da ist, den Auftrag mitzunehmen. Sollten sie noch Fragen haben, dann beantworte diese und geh wieder auf den Abschluss zu.

Frage #6: *„Wie zufrieden sind Sie mit meiner Beratung?"*

Hast du diese Frage jemals in einem Verkaufsgespräch gestellt? Ich stelle diese Frage immer am Ende des Gesprächs. Mit dieser Frage unterstelle ich ja schon, dass er mit meiner Beratung zufrieden ist. Es geht auf einer Skala von 1 bis 10 nur noch um die Punkte 4 bis 10. Die Antwort auf diese Frage gibt dir ein klares Feedback vom Interessenten.

**Grundsätzlich:** Fragen stellen – und dann ruhig sein und aktiv zuhören – ist eine der wichtigen Voraussetzungen, um im Verkauf erfolgreich zu sein. Labertaschen haben heute im Verkauf nichts mehr zu suchen. Wende diese neuen fünf Fragen täglich in deinen Präsentationen an. Du wirst schneller zum Abschluss kommen und deine Provisionen werden kontinuierlich steigen. Da freut sich auch dein Bankberater.

## Kundenzufriedenheit ist wertlos, Kundenloyalität ist unbezahlbar!

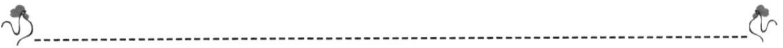

## 37 Verkäuferfragen

Einer der größten Verkäuferfehler besteht darin, dass Verkäufer sich viel zu sehr auf ihre Ziele (ein Abschluss, eine Provision, eine Auszeichnung) konzentrieren als sich auf die Wünsche (eine Lösung, eine Experten-Meinung, eine Bezugsquelle) des Gesprächspartners zu konzentrieren.

Heute konzentrieren wir uns darauf, welche Fragen ein Spitzenverkäufer stellt. Als Verkäufer weißt du, dass - neben einer professionellen und effizienten Präsentation - die Fragen mit die größte Rolle spielen. In meinen Trainings stelle ich immer wieder fest, dass die Verkäufer nur wenige offene Fragen – gerade in der Bedarfsanalyse – stellen.

Sie konzentrieren sich mehr auf die Präsentation ihrer Lösung (was noch nicht gewünscht wird) anstatt mehr über die Anwendung, die Entscheidungswege und die Kaufbereitschaft zu ergründen. Nur mit den richtigen Fragen gelingt es dem Verkäufer, letztendlich die Wünsche und Bedürfnisse des Interessenten exakt zu ermitteln. Diese Ausgewogenheit ist wichtig, um die Abschlusschancen zu erhöhen.

Hier kommen jetzt 37 kundenorientierte, nicht-manipulative, offene Fragen. Es ist ein Mix von problemorientierten Fragen, provozierenden Fragen, Lösungs-Fragen, Bedarfs-Fragen, besondere Fragen nach speziellen Eigenschaften, Einwandbehandlungs-Fragen und einfach einige Gefühls-Fragen.

Alle Fragen unterstützen dich als Verkäufer dabei, die derzeitige Situation im Unternehmen zu analysieren. Einige dieser Fragen erfordern mehr den Aufbau von Vertrauen, andere bauen eine gute und entspannte Beziehung auf. Einige sind wahrscheinlich für deine Branche nicht geeignet.

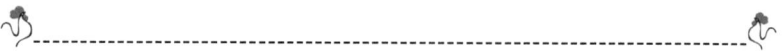

Aber einige dieser Fragen werden dich dabei unterstützen, genau herauszufinden, wie du dein Angebot erfolgreich präsentierst.

Hier kommen die Fragen in unsortierter Reihenfolge:

1.  *Was finden Sie an Ihrem derzeitigen Lieferanten besonders gut?*
2.  *In welchem Zeitrahmen soll das Projekt abgewickelt werden?*
3.  *Was bedeutet die Lösung des Problems für Sie persönlich?*
4.  *Wenn wir in der Lage sind, diese Aufgabenstellung zu lösen, was bedeutet das für Ihre Organisation?*
5.  *Seit wann besteht dieses Problem in der/dem Abteilung/Tochter-unternehmen?*
6.  *Wie beschreiben Ihre Kunden Ihr Unternehmen?*
7.  *Wie beschreiben Sie Ihr Unternehmen gegenüber Ihren Freunden?*
8.  *Zu welchem exakten Termin soll die Lösung eingeführt sein?*
9.  *Wie viel Unterstützung erhalten Sie bei der Problembeschreibung von Ihren Abteilungsleitern?*
10. *Wie viel Unterstützung erhalten Sie von Ihren eigenen Mitarbeitern?*
11. *Wie kann ich Sie dabei unterstützen, weitere Informationen zu erhalten?*
12. *Auf welcher Basis haben Sie sich für den derzeitigen Lieferanten entschieden?*
13. *Wie sind Sie auf den derzeitigen Lieferanten gekommen?*
14. *Wie viel Zeit investieren Sie täglich in dieses Projekt?*
15. *Wie viel Zeit würden Sie gerne täglich in dieses Projekt investieren?*
16. *Was waren die wichtigsten Entscheidungen in den vergangenen 12 Monaten?*
17. *Welche Auswirkungen hatten diese Entscheidungen auf den Profit des Unternehmens?*
18. *Welche Auswirkungen hatten diese Entscheidungen auf die Moral in Ihrem Unternehmen?*

19. *Welche Auswirkungen hatten diese Entscheidungen auf den Erfolg in Ihrem Unternehmen?*

20. *Wie wohlwollend steht Ihr Unternehmen einem neuen Lieferanten gegenüber?*

21. *Wie können wir die Effizienz in Ihrem Unternehmen verbessern?*

22. *Welche Schritte haben Sie bisher dazu unternommen?*

23. *Welche Budgetgröße stellen Sie sich insgesamt vor?*

24. *Was hat höchste Priorität in Ihrer Entscheidungsfindung?*

25. *Welche Auswirkungen hat die derzeitige wirtschaftliche Situation für Ihr Unternehmen?*

26. *Wie zufrieden sind Sie mit dem derzeitigen Produktivitätsfaktor?*

27. *Erklären Sie mir das genauer?*

28. *Wie umfangreich wird Ihre Suche nach einer solchen Anschaffung sein?*

29. *Welche Auswirkungen hat das auf Ihre Kunden?*

30. *Wie sieht das endgültige Ergebnis aus?*

31. *Wenn Sie eine Reihenfolge aufstellen, was hat Priorität 1, Priorität 2, Priorität 3 etc.?*

32. *Was ist für Sie der größte Vertragsbruch?*

33. *Welche grundsätzlichen Anforderungen haben Sie an Ihre Lieferanten?*

34. *Was hat allerhöchste Priorität in der Entscheidungsfindung?*

35. *Welche Auswirkungen haben diese Entscheidungen für Ihre Karriere?*

36. *Wie wollen Sie jetzt in diesem Projekt weiter vorangehen?*

37. *Wann werden Sie spätestens die Entscheidung treffen?*

Besonderer Hinweis: einige dieser Fragen wirst du in deinem Umfeld nicht einsetzen können. Das Wichtigste für dich: finde offene, nicht-manipulative und kundenorientierte Fragen, die dich dabei unterstützen:

- die Wünsche und Bedürfnisse der Kunden
- die Probleme der Kunden und
- die Lösung nach der sie suchen

aufzuzeigen. Im Verkaufsprozess gibt es nichts Werthaltigeres als deine Fragen. Stell diese Fragen und dann heißt es: KLAPPE HALTEN und AUFMERKSAM HINHÖREN!

**Behandelst du Menschen wie sie sind,**
**so behandelst du sie schlechter.**
**Behandelst du sie wie sie sein können,**
**machst du sie besser.**
Johann Wolfgang von Goethe

## Die Frage hinter der Frage des Gesprächspartners

Für den Verkäufer ist es wichtig, die Frage hinter der Frage des Interessenten exakt zu verstehen. Wurde dieser Interessent in der Vergangenheit von der Konkurrenz verheizt? Sind die Entscheider in diesem Unternehmen unsicher, eine Entscheidung zu treffen? Wenn diese Vorgehensweise verstanden wird, dann öffnen sich die Türen für weitere profitable Geschäfte.

Ein Interessent fragte den Verkäufer: *"Warum soll ich bei Ihnen kaufen?"* Der untrainierte und impulsive Verkäufer bringt seine ganzen Vorteile an "den Mann" – es waren fast exakt die gleichen Worte, die von der Konkurrenz am morgen genannt wurden.

*"Wie sind seit einigen tausend Jahren in dem Geschäft, wir sind lokal hier vor Ort mit einem Büro vertreten, wir treten deutschlandweit auf, wir sind grün, wir liefern hohe Qualität, wir kaufen Expertenwissen ein, wir ….."* Und so weiter.

Was ist nun die richtige Antwort? Es gibt keine einzige ultimative Antwort, da der Verkaufsprozess so unterschiedlich ist. Das hängt auch mit dem Charakter und der Dynamik der teilnehmenden Personen zusammen. Der schlaue Verkäufer verfügt über eine Vielzahl von Argumentationen, die er zum richtigen Zeitpunkt bringt.

Hier gebe ich dir drei Varianten mit auf den Weg, die ich erfolgreich einsetze:

Variante #1: Sag die Wahrheit.

Wenn der Interessent bereits früh im Gespräch diese Frage stellt bevor du Gelegenheit hattest, deine Fragen in der Bedarfsanalyse zu stellen, dann sag ihm einfach, dass du die Frage noch nicht beantworten kannst. Es fehlen noch zu viele Informationen, um sich ein Bild über das Unternehmen zu machen. Lass dir das okay geben, dass du weitere offen Fragen stellst, um an die (auch geheimen) Wünsche und Bedürfnisse heranzukommen.

Variante #2: Antworte mit deinem „Match-Pitch 10 (das ist die Zeit von 10 Sekunden, in denen ein Streichholz abbrennt)".

Ein alter Spruch aus dem Vertrieb lautet: *„Es ist uninteressant was du tust. Wichtig ist, welche Probleme du beseitigst."*

*Viele Verkäufer sprechen in der „Ist-Sprache".* Ein Beispiel: *„Wir werten die finanzielle Planung aus." Wir bauen Heizung und Sanitär ein." Wir vermieten die Bagger, Radlader,..."*

Ein guter „Match-Pitch 10" handelt von den Lösungen eines Problems. Ein Beispiel: *„Ich bin der Verkaufstrainer Werner Hahn und reduziere in Ihrem Unternehmen die Anzahl der verloren gegangenen Aufträge."*

Oder:

*„Unternehmen, die mit uns zusammen arbeiten, steigern den Umsatz im gesamten Verkaufsteam um bis zu 30%. Sie verkaufen weniger über den Preis, sondern verstärkt über den werthaltigen Nutzen."*

Ein „Match-Pitch 10" deckt die Unzulänglichkeiten im Unternehmen auf und zeigt auch, wo der Schuh exakt drückt. Füllen Sie die Pipeline Ihres Potentials immer mit Interessenten, die auch wirklich daran interessiert sind, etwas in ihrem Unternehmen zu verändern.

Variante #3: Bestimmt – aber freundlich.

Die ist eine Fähigkeit, gewissen Einfluss zu nehmen. Sie wird oft von den Verkäufern missbraucht, in dem sie eine Frage mit einer Gegenfrage stellen ohne in die Tiefe zu gehen. Erst das bewirkt, den Interessenten verstehen zu wollen. *„Warum sollte ich von dir kaufen"* ist keine wirkliche Frage.

Hinterfrage dies, um das noch besser zu verstehen. *„Das ist eine legitime Frage, Herr/Frau Interessent. Ich könnte jetzt sagen, dass wir größer, schneller, schöner und besser sind. Was ich für viel wichtiger halte ist doch die Frage, was Sie besonders interessiert, wenn Sie einen neuen Lieferanten bekommen. Erzählen Sir mir etwas über Ihre besten Partner und was zeichnet diese aus und worauf legen Sie persönlich besonderen Wert?"*

Der Verkäufer muss die Frage hinter der Frage verstehen. Wurde dieser Interessent in der Vergangenheit von einem Lieferanten über den Tisch gezogen? Weiß der Interessent nicht, wie er eine schnelle Entscheidung treffen kann? Interessenten werden abklären und antworten gemäß Ihrer Entscheidungskriterien, wodurch die Tür für bessere und mehr Fragen weiter geöffnet wird.

Hier noch 3 Beispiele:

*"Wir haben keinen Bedarf."*

Die Frage, die dahinter steht: *"Wie profitiere ich von deinen Produkten und Dienstleistungen?"*

*"Wir haben zurzeit kein Geld."*

Die Frage, die dahinter steht: *„Zeige mir, wie deine Produkte und Dienstleistungen sich selbst bezahlt macht."*

*„Wir wollen uns erst später damit beschäftigen."*

Die Frage, die dahinter steht: *„Erkläre mir, was gewinne ich, wenn ich dein Produkt oder deinen Service heute schon einsetze?"* Oder: *„Erkläre mir, was verliere ich, wenn ich dein Produkt oder deinen Service heute schon einsetze?"*

Noch ein Beispiel aus der Preisverhandlung:

Kunde: *"Sie sind zu teuer!"*

Verkäufer: *„Wenn ich Ihnen einen noch besseren Preis mache, kaufen Sie dann jetzt bei mir?"*

Verneint der Kunde, so ist klar, dass der Preis nur ein vorgeschobener Grund war. Fragen Sie Ihren Interessenten, worin seine Ablehnung jetzt wirklich begründet ist.

## 13 Abschluss-Fragen

Motivationsfrage:

*„Prima, dann sind wir uns ja einig. Wie gehen wir jetzt weiter vor?"*

*„Welchen Plan verfolgen wir jetzt weiter?"*

*„Wie sieht es mit einem Probeauftrag aus?"*

Als-ob-Frage:

*„Es sieht so aus, als wenn wir jetzt das Richtige für Sie gefunden haben - sehen Sie das auch so?"*

*„Wünschen Sie den Plan A oder Plan B?"*

Die direkte Frage:

*„Ist es für Sie in Ordnung, wenn wir jetzt so vorgehen?"*

Die Suggestivfrage:

*„Glauben Sie auch, dass es sich für Sie jetzt rechnet?"*

Die Wenn-Frage:

*„Wenn wir das ... und das ... erfüllen – geben Sie mir dann heute den Auftrag mit?"*

Die NOA- (Nur-oder-auch)Frage:

*„Entscheiden Sie sich heute nur für ... oder auch für ...?"*

Die Referenz-Methode:

*„Kunden Ihrer Größenordnung entscheiden sich für ein Jahreskontingent von ... Stück. Welche Größenordnung kommt für Sie in Frage?"*

Die Empfehlungsmethode:

*„Nachdem was Sie mir gesagt haben, empfehle ich Ihnen ...! Was halten Sie von meiner Empfehlung?"*

Der Test-Abschluss:

*„Mein Tipp: Entscheiden Sie sich doch testweise für die Variante ... Was halten Sie von diesem Vorschlag?"*

Die Zusammenfassungs-Frage:

*„Ab wann werden wir das Besprochene umsetzen?"*

Die gemeinsame Zukunfts-Frage:

*„Prima, das heißt also, dass wir jetzt zusammen arbeiten. Wann soll es denn losgehen?"*

Die Detail-Abschluss-Frage:

*„Ab wann starten wir mit unserem gemeinsamen Projekt?"*

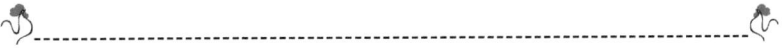

Die Bedingungs-Frage:

*„Was müssen wir tun, um morgen gemeinsam den Markt aufzurollen?"*

**Wichtig**: Wenn du eine Abschlussfrage gestellt hast, dann bitte sofort KLAPPE HALTEN und AKTIV HINHÖREN. Viele Verkäufer zerreden den Abschluss!

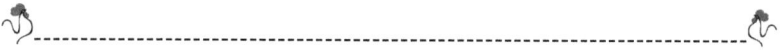

## Die ganz feine Art, intelligente Fragen zu stellen

Die durchschnittlichen Verkäufer sind ja immer noch der Meinung, dass Verkaufen heißt: reden, reden, reden.

Der Verkaufsprofi, der echte und wahre Champion, hat schon längst realisiert, dass wie Menschen über zwei Ohren und einen Mund verfügen. Und in genau diesem Verhältnis sollten wir die beiden auch nutzen. Nachdem du also 10 Sekunden gesprochen hast, halt den Mund und schalte für 20 Sekunden die Ohren auf vollen Empfang. Dies bedeutet also, den Interessenten nicht mir Worten zu torpedieren, sondern ihn durch gezielte Fragen zum sprechen zu bringen.
Lass uns die zwei Methoden vergleichen.

Der durchschnittliche Verkäufer:

*„Das ist das Beste auf dem Markt. Da kommt kein anderes Produkt ran. Dies ist das beste Produkt, weil wir der Konkurrenz um Meilen voraus sind. Sie sollten es jetzt bestellen."*

*„Keine Versicherung auf dem deutschen Markt wird Ihnen das bringen, was Sie mit dieser Police erreichen werden. Sie sollten sich beeilen und jetzt sofort unterschreiben."*

*„Diese Produkte gehen jetzt in den Verkauf. Warum verschwenden Sie Ihre Zeit mit der Suche nach den richtigen Produkten? Ich biete sie Ihnen preisgünstig an. Sagen Sie mir, wie viel Sie brauchen und ich mache Ihnen einen guten Preis."*

Wenn die Verkäufer so vorgehen, was machen sie? Sie pushen den Verkauf. Sie schleudern dem Gesprächspartner egoistische Formulierungen in den Hals. Sie sagen: *„Ich bin hier und will dir jetzt was verkaufen! Ich mache das nur, damit du meine Geldbörse auffüllst und für mich spielt es auch keine Rolle, ob dir meine Produkte und Dienstleistungen etwas bringen."*

Diese Vorgehensweise führt doch nur dazu, dass die Verkäufer wieder schnell das Unternehmen ohne Auftrag verlassen und manchmal auch hinauskomplimentiert werden.

Die Verkaufsprofis, die wahren Topp-20%-Verkäufer, geben dem Gesprächspartner niemals das Gefühl, das Druck ausgeübt wird. Sie führen das Gespräch.

Topp-20%-Verkäufer führen den Interessenten von der Kontaktaufnahme bis hin zum Abschluss. Der Interessent bekommt das dringende Bedürfnis, diese Produkte jetzt zu besitzen. Der Topp-20%-Verkäufer zeichnet sich dadurch aus, das er die meiste Zeit zuhört und viele qualifizierte offen Fragen stellt. Dabei bewahrt er noch eine freundliche positive Einstellung und schafft damit die Basis, dass der Interessent alle Informationen freiwillig gibt.

Das sind die qualifizierten Fragen des Topp-20%-Verkäufers:

*„Wenn Sie sich für einen neuen Lieferanten entscheiden, wie wichtig sind Ihnen ein guter Ruf über Professionalität und Service in der Branche?"*

*„Ich habe noch nie ein Unternehmen getroffen, das die beste Produktqualität und den besten Service zu billigen Konditionen anbieten kann. Sagen Sie mir, auf was wollen Sie verzichten, wenn Sie sich für einen Kauf jetzt entscheiden?"*

*„Nachdem ich die Vorteile und den Nutzen dieser besonderen Versicherung erläutert habe, dann werden Sie doch sicher dieses Projekt so schnell wie möglich implementieren. Wie sehen Sie den Zeitplan?"*

Erinnerst du dich noch daran, wie du selber mit manchen Verkäufern ein entspanntes Verkaufsgespräch geführt hast und du dich dabei noch frei und ungezwungen gefühlt hast, bevor du gekauft hast? Du hast dich gut dabei gefühlt. Wenn du noch an die Gespräche denkst, hattest du da das Gefühl, dass du das Gespräch führst und der Verkäufer dir folgte? Klar, so war das zu Beginn des Gesprächs. Dann hat der Champion das Gespräch übernommen, ohne das du es bemerktes und du folgtest ihm die ganze Zeit.

Wie kann so etwas geschehen? Der Champion fordert den Interessenten auf, von sich und seinen Erfolgen zu sprechen. Danach übernimmt der Champion und führt den Interessenten durch den Verkaufsprozess. Mit seinen qualifizierten und warmherzigen Fragen kommt er langsam auf den Punkt. Das geschieht so unbemerkt, dass der Interessent nicht an das Geldausgeben denkt. Stattdessen kauft er.

## Stell niemals diese Fragen!

Du hast alle Hebel in Bewegung gesetzt, um endlich den Termin für das Meeting mit dem Geschäftsführer festzulegen. Du hast dich bestens vorbereitet – alle Gesprächspartner sind von dir über die verschiedenen scocial media-Wege durchleuchtet worden. Dann sitzt du gemeinsam mit ihnen in ihrem Konferenzraum. Nach einem kurzen „warm up" stellst du an den BIG BOSS die Frage aller Fragen: *„Um Ihre Wünsche und Bedürfnisse besser zu verstehen, sagen Sie mir bitte doch, was lässt Sie nachts nicht schlafen?"*

Eine grausame Frage! Schrecklich! Klischeehaft! Einer meiner Kunden, ein Vorstandsmitglied, sagte mir, dass er den Verkäufer raus wirft, der ihm diese Frage stellt.

Diese Frage habe ich dreimal gestellt und dreimal die Antwort bekommen: *„Das schnarchen meiner Frau!"* Anschließend habe ich die Frage aus meinem Gedächtnis gestrichen. Erstaunlich ist, dass es doch noch einige Kollegen gibt, die diese Frage gerne weitergeben.

(Warum dies eine grausame Frage gerade für einen Interessenten ist, werde ich dir später sagen)

Gute Fragen sind sehr ausdrucksstark. So wie es starke Fragen gibt, gibt es auch armselige Fragen. Hier kommen einige Fragen, die du unbedingt vermeiden solltest:

## 1. Geschlossene Fragen

Jeder der mit Verkaufen zu tun hat weiß doch, dass dies die schlechtesten Fragen gerade in der Bedarfsanalyse sind. Nur offene Fragen führen deinen Gesprächspartner dazu, mehr über sich und sein Unternehmen zu

erzählen. Willst du eine langfristige Beziehung zu deinem Gesprächspartner aufbauen, dann ist es wichtig zu wissen wie sie denken und welche Wünsche und Bedürfnisse sie haben.

Hier kommen einige Beispiele:

Anstelle von: *„Wie groß ist Ihr Marktanteil?"* sag doch lieber: *„Was haben Sie in den vergangenen Jahren unternommen, um den Marktanteil zu steigern?"*

Anstelle von: *„Seit wann sind Sie in diesem Job?"* sag doch lieber: *„Welches sind die besonderen Herausforderungen in diesem Job?"*

Anstelle von: *„Wie lang soll das Training gehen?"* sag doch lieber: *„Welche Gründe sprechen für ein Training mit Ihren Verkäufern?"*

2. Bewertende Fragen

Es gibt Fragen, die sind in Wahrheit nur versteckte Bewertungen, zum Beispiel

*„Das willst du doch nicht wirklich tun?"*

*„Was ist der Grund, dass du immer so spät kommst?"*

Bewertende Fragen stoppen die Unterhaltung schon im Ansatz. Es ist so, als würde man den Anderen abschießen.

## 3. Höhnische Fragen/sarkastische Fragen

Manchmal stellen wir Fragen, die keine richtigen Fragen sind. Sie transportieren nur Sarkasmus und Ärger und zielen auf die Schwachstellen des Gegenübers. Einmal hörte ich wie Eltern ihren Teenager fragten: *„Warum glaubst du, das eine Hochschule dich neben den anderen begabten Kindern aufnehmen sollte?"*

Andere Beispiele:

*„Du bist immer so launisch – warum sollte jemand eine Beziehung mit dir wollen?"*
*„Glaubst du wirklich, dass man das akzeptieren kann?"*

## 4. Klischeehafte Fragen

*„Was lässt sie nachts nicht schlafen?"* ist so ein Klischee. Viele Verkäufer benutzen diese Frage, seit dem sie im Verkauf sind. Der überwiegende Teil der Verkäufer hat nun wirklich kein Interesse an der Tatsache, warum der Gesprächspartner nachts nicht schlafen kann. Sie meinen, mit dieser Frage könnten sie Vertrauen aufbauen. Geschäftsführer erzählen mir immer, dass dies eine bescheuerte Frage ist und sie zeigt, dass der Verkäufer immer noch nicht seine Hausaufgaben gemacht hat und er von guter Kommunikation nun wirklich keine Ahnung hat.

Des Weiteren ist es eine „Problemfrage" und die oberen Führungskräfte haben zur Erledigung der Probleme qualifizierte Mitarbeiter eingestellt. Führungskräfte kümmern sich mehr um Wachstum, Profit und Innovationen anstelle von Problemen. Kennst du deinen Gesprächspartner bereits einige Zeit, dann ist es möglich, diese Frage zu stellen: *„Okay Hans, was lässt dich nachts nicht schlafen?"*

Ein anderes Klischee ist die Frage: *„Was hat Sie am meisten überrascht?"* oder *„Welche wichtigen Fragen habe ich noch nicht gestellt?"* Das ergibt schon einen bitteren Beigeschmack, wenn dein Gesprächspartner noch darüber nachdenken soll, welche wichtigen Fragen du ihm noch nicht gestellt hast. Dann gibt es noch die lange Jahre verwendete und immer noch bei vielen beliebte Frage:

*„Ich weiß, dass Sie mit Ihrem derzeitigen Lieferanten zufrieden sind, was könnte Ihre Mitarbeiter dazu bewegen, einen neuen Lieferanten auszuwählen?"*

Bessere Versionen habe ich für dich hier aufgeschrieben:

Anstelle von: *„Was lässt Sie nachts nicht schlafen?"* sag doch:

*„Welche Auswirkungen hat die neue Strategie auf Ihren Bereich?"* Oder:

*„Wie reagieren Sie auf den neuen Zeit- und Umsatzplan für Ihren Bereich?"* Oder:

*„Welches sind die zwei oder drei Punkte, die Sie in diesem Jahr bei den Ressourcen, Zeit und Aufmerksamkeit für dieses Jahr als besonders wichtig erachten?"*

Anstelle von: *„Was hat sie am meisten überrascht im neuen Job?"* sag doch:

*„Worauf haben Sie sich in den ersten drei Monaten konzentriert, nachdem Sie im neuen Job gestartet sind?"*

Anstelle von: *„Was könnte Ihr Management bewegen, einen neuen Lieferanten auszuwählen?"* sag doch lieber:

*„In welchen Bereichen ist Ihr derzeitiger Lieferant besonders stark und in welchen weniger stark?"* Oder:

*„Wann wurde zuletzt ein Lieferantenwechsel durchgeführt und was waren die Gründe?"*

5. Selbstverherrlichende Fragen um aufzuzeigen, wie klug der Fragende ist.

Auf einer Abendveranstaltung saß bei uns am Tisch ein Professor. Er erfüllte meine Meinung von einem Professor in höchster Vollendung: er trug eine Fliege und dazu ein Sakko mit aufgenähten Lederapplikationen am Ellenbogen. Er hatte die Eigenart, Fragen zu stellen und sie selber zu beantworten. *„Ich habe mich schon oft gefragt,"* sagte er beim Diner, *„warum sagen die Menschen so viele Dinge und tun anschließend etwas völlig anderes? Ich vermute, dass hängt mit unserer Tendenz zusammen, uns selbst zu täuschen."* Es war einfach nur peinlich.

6. Suggestiv-Fragen

Suggestiv-Fragen sind so wie die Frage des Staatsanwaltes an den angeklagten im Gerichtssaal: *„Wann haben Sie aufgehört, Ihre Frau zu schlagen?"* Suggestivfragen sind in hohem Maße „gesprächssteuernd" um nicht zu sagen manipulativ. Das Ziel einer Suggestivfrage ist, den Gesprächspartner in eine bestimmte Richtung zu lenken. Vor allem in Situationen, in denen er eine zögernde Haltung an den Tag legt und eine Entscheidung schwer fällt, wird sie oft eingesetzt. Doch Vorsicht! Immer mehr Menschen erkennen Suggestiv-Fragen und erleben diese als absolut demotivierend. Die „Hardselling-Schule" im Verkauf hat diesen Fragetyp dadurch in Verruf gebracht, dass kaufabgeneigte Kunden damit in der Vergangenheit zigfach doch noch zum Kauf überredet wurden.

Hier noch einige Beispiele:

*„Wann haben Sie festgestellt, dass Sie niemals ein Profi-Musiker sein werden?"*

*„Sie haben doch sicher auch viel Erfahrung im IT-Bereich?"*

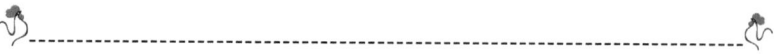

*„Sie legen dich sicher auch viel Wert auf die Sicherheit im Netzwerk?"*

ZUSAMMENFASSUNG: Gute Fragen sind aufrichtig und herzlich. Sie zeigen wahre Neugier. Es sind offene Fragen. Sie kommen an das *„Warum sind die Dinge so?"* heran. Sie entwickeln eine logische Schlussfolgerung. Sie fordern Annahmen heraus und stellen eine persönliche Verbindung her. Sie zeigen schnell, wie gut du dich mit den Themen auskennst.

## Die drei blödesten Fragen im Verkauf

Dritt-blödeste Frage:
*„Haben Sie schon mal von uns gehört?"*

Wenn du diese Frage stellst, heißt das, dass du dich versichern willst, dass der Käufer keine schlechte Erfahrung gemacht hat oder irgendetwas Schlechtes über dich weiß. Dein Ruf wird im Allgemeinen noch vor dir eintreffen. Wenn etwas in der Vergangenheit passiert ist, wird dein Interessent es herausfinden. Wenn du diese Frage stellst, bist du sowieso nicht sehr bekannt.

Zweit-blödeste Frage:

*„Können Sie mir ein kleines bisschen über Ihre Firma erzählen?"*

Diese Frage bedeutet, dass du zu faul oder zu dumm warst, ins Internet zu gehen und etwas herauszufinden. Stell bitte keine Fragen, deren Antwort du ganz schnell und einfach im Internet findest. Wenn du deinen Kunden zwingst, Fragen zu beantworten, die bereits bekannt sind, wird er gelangweilt und desinteressiert sein. Und es wirft ein armseliges Licht auf dich.

Und kennst du die Mutter aller dummen Fragen?
Die dümmste Frage im Verkauf (sicherlich kennst du sie, denn du stellst sie schon die ganze Zeit):

*„Was muss ich tun, um den Auftrag zu erhalten?"*

Es ist höchstwahrscheinlich, dass du diese Frage schon dutzende Male gestellt hast. Und alles, was du den Interessenten damit fragst, ist: *"Wie tief soll ich meine Hosen runterlassen, äähm, ich meine, mit dem Preis*

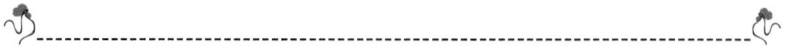

*runtergehen, damit ich Ihren Auftrag bekomme?"*

Jetzt lass mich eine Frage stellen. Du bist schon länger als eine Woche im Verkauf? Weißt du nicht, was erforderlich ist, um den Auftrag zu bekommen? Und es ist doch tausendmal besser für dich, in ein Verkaufsgespräch zu gehen und zu sagen: *"Herr Meindel, ich habe genau aufgedeckt, was erforderlich ist, um Ihren Auftrag zu bekommen. Ich werde Ihnen einige Ideen nennen und alles, was ich frage, ist, ob Sie die Ideen akzeptieren, damit wir das Geschäft miteinander machen können. Ist das fair genug?"*

Wenn du fragst, was du seiner Meinung nach tun sollst, um den Auftrag zu bekommen, wirst du entweder mit leeren Händen nachhause gehen oder du wirst den Auftrag zu lausigen Konditionen bekommen und keinen Gewinn machen. Wie auch immer, du bist der Verlierer. Wenn du beim Interessenten ankommst und weißt, was erforderlich ist, um den Auftrag zu bekommen, ist es am wahrscheinlichsten, dass du nach Hause gehst und den Auftrag in der Tasche hast!

Großes Geheimnis: „*Wissen, was nötig ist",* um ein Geschäft zu machen, ist eines der am wenigsten gebrauchten, aber wirkungsvollsten Techniken, um neue Geschäfte zu machen. Dein Job ist es, diese Technik meisterhaft zu beherrschen.

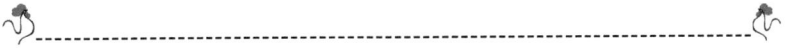

## Frage: *„Wie verkaufst du einen Bleistift?"*

Wenn ich dir einen Bleistift gebe und dir sage, dass du ihn mir verkaufen sollst, wie gehst du da vor?

Diese Übung mache ich immer gerne, wenn ich Verkäufer auswähle für ein Unternehmen. Die Antworten geben mir sofort Aufschluss darüber, welche Kandidaten ich vor mir habe. Ich erkenne, welche Trainings sie besucht haben, ob sie den Verkaufsprozess verstanden haben und welcher Typ Verkäufer sie exakt sind.

Was ist denn nun der erfolgreichste Weg, einen Bleistift zu verkaufen? Lass uns jetzt anschauen, wie die meisten Verkäufer in einer solchen Situation vorgehen.

Wenn ich Verkäufer interviewe, dann liebe ich diese Vorgehensweise. Nachdem mir der Verkäufer erklärt hat, dass er ein Spezialist für den Verkaufsabschluss ist, krame ich einen neuen Bleistift aus der Tasche und sage ihm, dass er diesen Bleistift mir jetzt verkaufen soll.

Und dann geht es los!

80 Prozent aller Verkäufer starten auf die gleiche Art und Weise: sie rühren die Werbetrommel. *„Dieser Stift ist brandneu, völlig unbenutzt. Der Härtegrad ist 2B und wir liefern ihn in sonnengelb, damit er schneller auffindbar ist. Zusätzlich liefern wir ihn mit einem eingebauten Radiergummi bla, bla bla."*

Andere Verkäufer können (und tun es auch) 5 Minuten erzählen, bevor sie mir überhaupt irgendeine Frage stellen oder nach dem Auftrag fragen. Wenn ich das höre, dann fange ich schon an mit den Augen zur rollen, hebe meine Augenbrauen an usw. Das erstaunliche daran: sie sprechen

anschließend schneller. *„Was machen diese Verkäufer nur falsch?"* ich denke darüber nach.

Lass uns jetzt mal auf die Topp-20-Prozent-Verkäufer schauen. Sobald ich ihnen den Bleistift in die Hand gedrückt habe, denken sie kurz nach und stellen mir Fragen:

*„Wie oft benutzen Sie einen solchen Bleistift?"*

*„Wie viele davon benötigen Sie pro Monat?"*

*„In welchen anderen Bereichen des Unternehmens werden ebenfalls solche Bleistifte eingesetzt?"*

*„Wenn Sie neue Bleistifte bestellen, wie hoch ist der durchschnittliche Auftrag?"*

*„Wer außer Ihnen ist in den Entscheidungsprozess mit eingebunden?"*

Erkennst du den Unterschied? Ich spreche ja mit vielen Bewerbern pro Monat/Jahr und ich teile sie immer in die zwei Bereiche ein. Solche, die labern, labern und labern und solche, die meine Kaufmotive erfragen und den Kaufprozess im Unternehmen kennen lernen wollen.

Lass uns jetzt schauen, zu welcher Gruppe du gehörst. Wenn du erstmalig mit einem Interessenten sprichst, wie umfangreich ist dabei die Beschreibung deines Produktes und im Gegensatz dazu, welche Fragen stellst du und welche Kaufmotive erkennst du?

Ich vermute, dass dein Telefonleitfaden prall gefüllt ist mit Beschreibungen über das was du tust und wie dein Produkt oder deine Dienstleistung den künftigen Kunden unterstützen wird. Dazu ballerst du – wie mit der Pumpgun – eine Salve nach der nächsten ab, damit

möglicherweise eine Kugel irgendwann ins Schwarze treffen wird. Das führt nur dazu, dass die Gesprächspartner abschalten und den Hörer einfach auflegen.

Willst du den besseren und erfolgreicheren Weg gehen? Dann übernimm den Tipp von einem der Spitzen-Bleistift-Verkäufer (als ich in den Vertrieb ging, mussten wir unseren Chefs und Trainern eine Büroklammer verkaufen) und ändere deinen Telefonleitfaden und stell in der Gesprächseröffnung mehr offene Fragen. Finde heraus, dass du mit einem qualifizierten Interessenten sprichst und entdecke seine Kaufmotive.

Ohne dieses Wissen wirst du viel Frustration erleben und zum Monatsende nur wenige Bleistifte verkauft haben. Und damit klingelt es mal wieder nicht in deiner Portokasse.

Damit haben wir die wichtigsten Fragetypen behandelt. Du siehst also, dass die richtige Fragetechnik entscheidend sein kann. Ich hoffe, dieses eBook hat dir gefallen und du bist sicher auch überzeugt, dass es auf das richtige Fragen ankommt.

Frage an den Abt: „Ist es erlaubt, während des Betens zu rauchen?"

Frank, eben neu ins Kloster eingetreten, fragt den Abt: *Ist es erlaubt, während des Betens zu rauchen?"*

Der Abt, nicht wenig erstaunt über eine solche Frage, antwortet mit Bestimmtheit: *„Das ist verboten!"*

Später begibt sich Frank in die Klosterkapelle zum ersten gemeinsamen Gebet im Kreis der Mönche. Und traut den eigenen Augen kaum.

Da kniet ein alter Mönch, betet und raucht dazu in aller Seelenruhe seine Pfeife. Begreiflicherweise ist Frank außer sich und kann das Ende der Gebetsstunde kaum erwarten. Endlich ist es soweit und sogleich nähert sich Frank dem alten Mönch und stellt ihn zur Rede:

*„Bruder! Wie kommt es, dass Du während des Betens rauchst, das hat der Abt doch ausdrücklich verboten!"*

*„Hast du ihn denn gefragt?"* entgegnet der alte Mönch.

*„Aber natürlich!"*

*„Seltsam"*, meint der alte Mönch, *„auch ich habe ihn gefragt, und er hat es mir gestattet."*

Voller Empörung über diese Ungerechtigkeit will Frank sogleich zum Abt eilen, aber der alte Mönch fragt dann noch etwas...

*„Sage mir doch"*, will er wissen, *„was hast Du den Abt genau gefragt?"*

Frank antwortet: *„Ich habe gefragt, ob ich während des Betens rauchen dürfe!"*

*„Siehst Du"*, sagt der alte Mönch zu Frank, *„und ich habe ihn gefragt, ob ich während des Rauchens beten dürfte!"*

## Der Autor Werner F. Hahn

Ob das Verkaufstalent in die Wiege gelegt wird? Sicher ist: Werner F. Hahn hat das „Verkaufen" von der Pieke auf gelernt. In allen Stufen des Vertriebs – vom Assistent bis zum Geschäftsführer.

Seit 1989 bietet er sein Wissen und seine Erfahrung als selbstständiger Verkaufstrainer, Personal Coach und Fachbuchautor an. Seine Kunden bilanzieren: *Mit Werner F. Hahn haben wir einen Trumpf gezogen: Für mehr Aufträge, steigende Umsätze und höheren Verdienst.* Heute zählt Hahn zu den effizienten Dienstleistern der Branche.

Seine Methoden:

Hahn bildet aus: vom Verkaufs-Assistenten zum Topp-20%-Verkäufer. Seine Schwerpunktthemen sind: Neue Kunden gewinnen, Kaltakquisition, Refresher-Training, Vorteil-/NUTZENargumentation, Einwandbehandlung, Fragetechnik, Preis- und Rabattgespräche, Abschlusstechniken, Mitarbeiter-Motivation, Sprache im Verkauf, Verkauf am Telefon, Training-on-the-job und Coaching beim Kunden vor Ort.

Hahn trainiert Verkäufer in authentischen Situationen. Diesen Schwerpunkt seiner Methode dokumentieren zehntausende Kaltakquisitionen per Telefon und tausende gemeinsame Kundenbesuche mit oder ohne Terminvereinbarung. Er legt den Finger in offene Wunden und zeigt, wie man es besser und erfolgreicher macht.

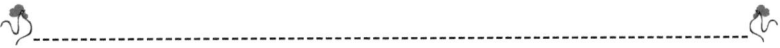

Daraus resultieren Sofort-Erfolge, die bei den Teilnehmern neue Energie wecken, ihre Motivation stärken und wieder richtig Spaß daran vermitteln, Verkäufer zu sein.

Seine Referenzen:

Bisher haben mehr als 10.000 Teilnehmer - interne wie offene Trainings und Workshops - ihre Motivation und ihre Umsätze messbar gesteigert:

Verkäufer...

- aus unterschiedlichen Branchen,

- in Klein- und Mittelbetrieben ebenso wie in DAX-Konzernen,

- von Dienstleistungen und Investitionsgütern

- bei Investitionsvolumen von mehr als 10.000.000,- Euro ebenso, wie von Produkten um € 100,- das Stück.

## Meine persönliche Botschaft:

In jungen Jahren habe ich nie davon geträumt, einmal im Verkauf tätig zu sein. Bei mir hat sich das irgendwann „einfach so ergeben." Ich war im Marketing-Bereich der NIXDORF COMPUTER AG für ein neues Computersystem zuständig und viele Verkäufer kamen mit ihren Kunden und Interessenten in die „Welt-Stadt Paderborn, um das Unternehmen kennen zu lernen. Eine meiner Aufgaben bestand darin, das neue zukünftige Computersystem zu präsentieren. Und nach jeder Präsentation kamen die Verkäufer zu mir und sagten: „Werner, du machst das so toll, du musst unbedingt in den Verkauf kommen!" Meine Standard-Antwort darauf: „Ich will nicht so werden wie du!"

Denn zu diesem Zeitpunkt (Mitte der 70er Jahre) waren viele Abdrücker und Hazadeure unterwegs und in dieses Geschäft wollte ich partout nicht einsteigen.

Als aber eines Tages ein Ex-Manager von IBM für zwei Wochen an meinem Schreibtisch saß, lernte ich die wahren Facetten des Verkaufens näher kennen und auf seine Frage: *„Werner, wann kommst du denn in den Verkauf?"* erwiderte ich: *„Nur, wenn du mich ausbildest."* So geschah es denn auch: eine Woche später war ich sein Verkaufs-Assistent in Frankfurt/Main.

Nachdem ich mein eigenes Vertriebsgebiet bekommen hatte mit einer eigenen Vorgabe, erreichte ich nach 12 Monaten eine Quotenerfüllung von über 400 Prozent – und das im ersten Jahr.

Eine solche Übererfüllung konnte ich nur erreichen, in dem ich geschaut habe, was die Topp-Performer - die 10%er - alles richtig gemacht hatten.

Mit meinen eigenen persönlichen Ansätzen hätte ich sicher nur eine Quote von 50 Prozent erreicht. Aber diese Konzentration auf die Erfolgreichen zog sich durch mein ganzes Verkäuferleben – immer schauen, was die Profis machen und das Gute übernehmen und auf meine Persönlichkeit abstimmen.

So konnte ich während meiner Tätigkeit als Vertriebsbeauftragter die ersten Assistenten beschäftigen und meine gesammelte Erfahrung in die Ausbildung der jungen Mitarbeiter einbringen.

Die Idee, mich selbständig zu machen, konkretisierte sich nach dem Tode des Firmeninhabers Heinz Nixdorf, der ja auf der CeBIT-Messe 1986 bei einem Mitarbeiterabend plötzlich verstarb. Ich ging noch zu einem schwedischen Unternehmen in Deutschland, baute eine Vertriebsorganisation in Deutschland auf und zwei Jahre später machte ich mich selbständig als Verkaufstrainer.

Mittlerweile bin ich seit 25 Jahren selbständig und habe tausende von Verkäufern trainiert und im Tagesgeschäft begleitet.

Für mich als Verkaufstrainer zählen immer noch (und das wird auch weiterhin so sein) die Tugenden

- Ehrlichkeit,
- Vertrauen,
- Glaubwürdigkeit,
- Zuverlässigkeit
- Fleiß
- Disziplin
- Professionalität

denn Menschen kaufen immer von Menschen. Das schnelle Geschäft bringt dir nur eine Provision, aber keinen langfristigen Beziehungsaufbau mit Kunden, die immer bei dir kaufen, die immer mehr bei dir kaufen.

## Akquisition: Kaltakquise plus SEO (Suchmaschinen-Optimierung)

Die Aussagen *„Nie wieder Kaltakquise"* oder *„Schluss mit der Kaltakquise"* oder *„Kaltakquise ist völlig out"* hast du sicher schon mal im Internet gelesen. Klar, im Internet findest du viele Typen, die dir das „Blaue" vom Himmel versprechen und letztlich wirst du später wieder zu dem zurückkehren, das dir in der Vergangenheit den meisten Erfolg gebracht hat und heute weiter bringen wird. Manchmal frage ich mich, ob es darum geht, andere Menschen erfolgreich zu machen oder geht es im Internet nur darum, den eigenen schnellen Erfolg unter Dach und Fach zu kriegen?

Es gibt im Verkauf nicht den ***einen*** Weg, der zum Erfolg führt. Heute in der neuen Welt des VERKAUFEN 4.0 arbeiten wir mit den unterschiedlichen Ansätzen und Systemen in der Akquisition. Während ich auf der einen Seite täglich meine Kaltanrufe tätige, schreibe ich weitere Fachartikel in meinen Blog http://www.wernerhahn.de/sales-vitamins. Mein Ziel: bei Google so langsam auf die Seite 1 zu kommen. Je hochwertiger meine Artikel sind, um so eher komme ich bei Google auf die Seite 1 und werde schneller von meinen Interessenten gefunden. Damit erzeuge ich zusätzliches Potential. Anfang 2015 war ich bereits mit 15 Keywords auf Seite 1 bei Google vertreten, in einigen Fällen sogar auf Platz 1.

Jetzt ist es nicht damit getan, nur gute Artikel zu schreiben und zu veröffentlichen. Du solltest den Umsatzbooster einschalten. Welche

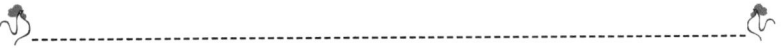

weiteren Punkte sind noch erforderlich, damit du mit einer optimalen SEO Suchmaschinen-Optimierung zusätzlich nach oben kommst?

- Welche Keywords setzt du ein?
- Welche Faktoren sind wichtig?
- Welche Bedeutung haben die Suchwörter?
- Wie oft soll ein Keyword im Text erscheinen?
- Welche Bedeutung hat die semantische Suche?
- Wir umfangreich sollte dein Blog-Text sein?

Willst du dich mit dem Thema SEO aktiv beschäftigen, wirst du viel Zeit und Geld investieren, um dort immer up-to-date zu sein. Oder du besorgst dir einen Spezialisten. Ich habe viele Onlinetrainings und Webinare besucht, um mir Informationen zu besorgen. Zusätzlich habe ich viel Lehrgeld bezahlt. Letztendlich habe ich die Entscheidung getroffen: *„Ich muss nicht alles selber machen. Ich schreibe gerne neue Artikel für die unterschiedlichsten Plattformen – aber SEO wird mir ein Buch mit sieben Siegeln bleiben. Ich suche mir eine Fachfrau."*

Und jetzt kommt Angela Kosa ins Spiel. Seit vielen Jahren beschäftigt sie sich mit SEO und hat in der Zeit ein umfangreiches Wissen angehäuft. Ich habe ihr Buch „Google – das Gehirn sind Sie" und war fasziniert von ihrem Fachwissen. Mit ihrer Unterstützung habe ich meinen Internet-Auftritt völlig neu gestaltet und „responsive" gemacht. Mit Hilfe von Frau Kosa gelangen viele meiner Artikel – und auch die ihrer Kunden - in der Suchmaschine von Google direkt auf der ersten Seite. Mit welchem „Zaubertrank" sie das macht, bleibt natürlich ihr Geheimnis – und das ist auch gut so.

Wenn du allerdings die Dienste von Angela Kosa ebenfalls nutzen willst, dann schreib ihr einfach eine Mail: seostarteneriffa@gmail.com und füge das Kennwort *„Werner"* hinzu – dann gibt es noch einen Extra-Bonus für dich.

"Alle literarischen Werke sind Plagiate,
ausgenommen das Erstwerk, das
meistens unbekannt ist."
Jean Giraudoux

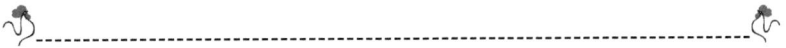

## Literatur- und Quellenverzeichnis:

| | |
|---|---|
| Carnegie, Dale: | Sorge dich nicht, lebe ! |
| Carnegie, Dale: | Der Erfolg ist in dir |
| Detroy/Scheelen: | Jeder Kunde hat seinen Preis |
| Enkelmann, N. B.: | CHARISMA |
| Fett, Josua: | Die Mehr-Wert-Strategie |
| Goldmann, Heinz M.: | Wie man Kunden gewinnt |
| Goleman, Daniel: | Emotionale Intelligenz |
| Grimm, Peter: | Der verratene Verkauf |
| Gschwandtner, G.: | Sales Storys to sell by |
| Hahn, Werner: | Werners rote Verkäuferkladde: |
| | 111 Verkäuferfragen & 111 professionelle Antworten |
| Hahn, Werner: | Werners schwarze Verkäuferkladde: |
| | 88 typische Verkäuferfehler |
| Hahn, Werner: | Werners blaue Verkäuferkladde: |
| | Mach den Abschluss |
| Hahn, Werner: | Werners weiße Verkäuferkladde: |
| | Kaltakquisition: So bekommst du (fast) jeden Termin |
| Hahn, Werner: | Werners gelbe Verkäuferkladde: |
| | Mehr Termine. Mehr Aufträge. Mehr Profit. |
| Heller, Robert: | Erfolgreich Verkaufen |

Werner F. Hahn ist Autor der Fachbücher:

111 Verkäuferfragen & 111 professionelle Antworten
Werners rote Verkäuferkladde:

Wenn du einen Auftrag hereinholst, wirst du von deinem Arbeitgeber lediglich deine Provision bekommen. Der Schlüssel ist: hart zu arbeiten, sich vorzubereiten, eine Zusage zu bekommen, einen Abschluss zu verdienen, eine Empfehlung und eine Auszeichnung zu erhalten. Dann - und nur dann - kannst du auf deinen Verkauf bauen, deinen Verkauf kontinuierlich ausbauen und zu Wohlstand gelangen. Ich zeige dir, wie du es richtig machst. Dieses Buch ist Leitfaden, Ratgeber und Motivator und Inspirator in einem und gibt anhand 111 praktischer Verkäuferfragen 111 professionelle Antworten. Es gibt eine Antwort, es gibt die beste Antwort – die weltbesten und die professionellsten 111 Antworten habe ich in diesem Buch für dich aufgeschrieben.

- 111 Fragen und 111 professionelle Antworten
- 392 Seiten, Gebundene Ausgabe
- ISBN: 978-3-7347-5938-3

Die zweite komplett neu überarbeitete Ausgabe incl. VERKAUFEN 4.0 ist Anfang 2015 neu erschienen.

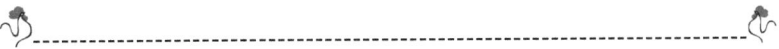

## 88 typische Verkäuferfehler

Werners schwarze Verkäuferkladde:

In diesem Buch zeige ich dir, wie du aus deinen Fehlern lernst. Fehler zu machen ist etwas ganz natürliches - die Frage ist nur, welche Lehren du aus deinen einzelnen Fehlern ziehst. Hunderte von Büchern zeigen dir den positiven Weg zu deinem Erfolg. Dieses Buch listet erstmalig all die Fehler im Vertriebsalltag auf und zeigt, wie du aus diesen Fehlern lernst. Für jeden Fall wird dir eine Lösung angeboten. Es sind 88 typische Verkäuferfehler, die in diesem Buch professionell behandelt werden.

Lies dieses Buch einmal, lies es zweimal und beginn mit dem aktiven Umsetzen der einzelnen Punkte. Du wirst sehen: von Tag zu Tag wirst du auf entspannte Art jeden Tag mehr verkaufen und dein Bankkonto wird kontinuierlich ansteigen. Was willst du mehr?

- 88 typische Verkäuferfehler und wie du jeden Fehler in einen erfolgreichen Abschluss umwandelst.
- 296 Seiten, Gebundene Ausgabe
- ISBN: 978-3-8370-4757-8
- Rezension bei Amazon.de

## Mach den Abschluss

Werners blaue Verkäuferkladde:

Jeder Verkäufer ist heute in der Lage, einen Interessenten zu finden, den Verkauf zu starten und einen Abschluss zu machen. Das setzt jedoch voraus, ein gut ausgebildeter, motivierter und erfahrener Profi zu sein. Die Unfähigkeit, den Auftrag zu realisieren, kostet mehr als nur den reinen verlorenen Auftragswert.

- Ein verlorener Auftrag verletzt unseren Stolz und beschädigt unser Selbstbewusstsein.
- Ein verlorener Auftrag heißt, dass jemand einen Strich durch unsere Erfolgsträume gezogen hat.
- Ein verlorener Auftrag bewirkt einen stillen Aufschrei nach besseren Abschlusstechniken.

Tief in unserem Inneren denken wir doch darüber nach, was wir mit besserer Abschluss-Erfahrung und guter Abschluss-Technik alles erreichen können.

Das Buch Mach den Abschluss habe ich als persönlicher Begleiter und Coach für deine erfolgreiche Zukunft geschrieben.

- Mach den Abschluss!
- 240 Seiten, Gebundene Ausgabe
- ISBN: 978-3-8370-3173-7
- Rezension u.a. bei Amazon

## Kaltakquisition – So bekommst du (fast) jeden Termin

Werners weiße Verkäuferkladde:

In der Kaltakquisition spielen die Ängste der Verkäufer eine große und wichtige Rolle. Die vier typischen Ängste sind:

1. Angst vor Ablehnung
2. Angst aufdringlich zu sein
3. Angst, keine Antworten auf die Fragen der Interessenten zu haben und
4. Angst vor der Frage: Was wird der andere von mir denken?

In diesem Buch zeige ich, wie du erfolgreich neue Kunden mit der Kaltakquisition gewinnst. Je besser du darauf vorbereitet bist, umso mehr wirst du erfolgreiche Gespräche mit deinen Interessenten führen. Alles was du dazu brauchst, findest du wieder in diesem Buch. Ich habe es für dich geschrieben.

- Neukundengewinnung mit Kaltakquisition – So bekommst du (fast) jeden Termin!
- 243 Seiten, gebundene Ausgabe,
- ISBN: 978-3-8391-9221-4

Meine Bücher findest du im gut sortierten Buchhandel. Jetzt auch lieferbar als eBook im Amazon Kindle eBookshop, im iBookstore (über iTunes) von Apple und bei den namhaften Online-Buchhandlungen u.a. bei Thalia.de, Buecher.de, Buch.de, Mayersche.de, Spiegel.de, Weiland.de und Libri.de.

Meine 18 eBooks:

Meine 18 eBooks findest du unter www.amazon.de Gib dort den Suchbegriff Werner F. Hahn ein und du bekommst eine Übersicht über die bisher von mir veröffentlichen Bücher. Stand heute stehen 18 Bücher zum Download bereit – für Smartphones (iPhone, iPod touch, Android, Windows Phone, Blackberry), Computers (Mac, Windows 8 und Windows 7, XP und Vista) sowie die gängigen Tablets (iPad, Android Tablets, Windows und Galaxy).

Ein Download ist eine Investition für dich von € 0,99 bis € 9,99 – das hast du ja sicher noch im Budget. Falls nicht, denk an den Spruch:

## Deine Geldbörse ist das Spiegelbild deiner Seele!

Meine Online-Trainings/Webinare: findest du im Internet unter:

http://my.edudip.com/academy/Werner.Hahn

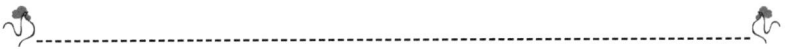

Einmal im Monat findet das offene 1-Tages-Training: *Crashkurs Mehr Termine. Mehr Aufträge* in statt.

Das sind die Themen:

1. Die Bedeutung der JA!-Einstellung im Verkauf.
2. So überzeugen Sie die Palastwache und werden gerne zum Entscheider durchgestellt.
3. Wecken Sie das Interesse des Entscheiders mit *Match Pitch* in 10 Sekunden und holen sie sich sofort ein emotionales „Ja, gerne!" ab.
4. Mit positiver und zielorientierter Sprache die richtigen Fragen stellen und die wahren Bedürfnisse, Träume und Wünsche der Kunden erkennen.
5. Werthaltige Termine vereinbaren durch kundenindividuelle Ansprache.
6. Erarbeitung einer unternehmensspezifischen WERT- und NUTZEN-Argumentation.
7. Fünf Schritte, um zum Listenpreis zu verkaufen.
8. Einwandbehandlung? HURRA - das sind doch Kaufsignale! Einwände verstehen und den Kunden zum Teil der Lösung machen.
9. Angst vor Akquise/Neukundengewinnung? So einfach funktioniert es!
10. Wie Sie mit DNS und der 3-Sekunden-Regel schneller und sicherer zum Abschluss kommen.
11. Drei Feedback-Fragen, die in jedem Verkaufsgespräch ein „MUST" sind.
12. Die 4 wichtigsten Fragen im Abschluss.
13. Erfolgreich Verkaufen ohne zu verkaufen?

Ausführliche Dokumentation mit individuellen Gesprächs- und Telefonleitfäden für jeden Teilnehmer.

Maximal 10 Teilnehmer = Hoher Lerneffekt

Jeweils von 9 bis 16 Uhr

Dieses Training führe ich auch unternehmensintern durch. Ihre Anfrage senden Sie an: werner@wernerhahn.de

Werner F. Hahn ist Autor der zwei Gratis-E-Mail-Magazine:

*„sales vitamins":*

Zweimal im Monat – immer Dienstags - erscheint das Gratis-E-Mail-Magazin *„sales vitamins – frische Vitamine für besseres Verkaufen."* Es ist nach Leserangaben die Motivationsspritze für den Verkaufsalltag und geht mittlerweile an 4.183 Geschäftsführer und Verkäufer.

Hier bestellst du das Gratis-Magazin: www.wernerhahn.de. Gib auf der Startseite im rechten Feld bei „GRATIS-Hier holen Sie sich Ihr Geschenk ab" einfach deine Mail-Adresse ein.

Mein Versprechen: Ich respektiere deine Privatsphäre und werde deine Daten nicht weitergeben. Du kannst dich jederzeit austragen – darauf gebe ich dir mein Wort.

*„So coachen Sie Ihre Verkäufer zu Topp-20%-Verkäufer"*

Einmal im Monat erscheint dieses Gratis-E-Mail-Magazin und geht an Führungskräfte im Verkauf. Ich gebe Tipps, wie Sie Ihre Mitarbeiter zu Spitzenverkäufer coachen.

Damit ich Sie in den Verteiler mit aufnehmen kann, senden Sie mir bitte eine Mail: salesman@wernerhahn.de

## Kontakt mit Werner F. Hahn

Hier findest du 11 Wege, um mit ihm in Verbindung zu treten:

E-Mail-Adresse: werner@wernerhahn.de
Internet: www.wernerhahn.de
Shop: www.shop.wernerhahn.de
Twitter: https://twitter.com/WernerFHahn
Facebook: www.facebook.com/verkaufstrainingwfhahn
LinkedIn: de.linkedin.com/pub/werner-f-hahn/a9/381/1bb/
XING: http://www.xing.com/profile/WernerF_Hahn
Edudip: https://www.edudip.com/academy/Werner.Hahn
Google plus: https://plus.google.com/u/0/+VerkaufstrainerWernerFHahn/posts
YouTube: https://www.youtube.com/results?search_query=Werner+F.+hahn
Telefon: 0171 – 650 56 90

**Haftungsausschluss:** Der Autor übernimmt keinerlei Gewähr für die Aktualität, Richtigkeit und Vollständigkeit der bereitgestellten Informationen in diesem eBook. Haftungsansprüche gegen den Autor, welche sich auf Schäden materieller oder ideeller Art beziehen, die durch die Nutzung oder Nichtnutzung der dargebotenen Informationen bzw. durch die Nutzung fehlerhafter und unvollständiger Informationen verursacht werden, sind grundsätzlich ausgeschlossen, sofern seitens des Autors kein nachweislich vorsätzliches oder grob fahrlässiges Verschulden vorliegt.

Alle Angebote von Werner F. Hahn sind freibleibend und unverbindlich. Als Autor behält er es sich vor, Teile der Seiten oder das gesamte Angebot ohne gesonderte Ankündigung zu verändern, zu ergänzen, zu löschen oder die Veröffentlichung zeitweise oder endgültig einzustellen.

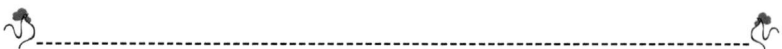